Klabund

Die Harfenjule

KLABUND

Die Harfenjule

Eulenspiegel Verlag Berlin

Herausgegeben und mit einem Nachwort versehen von
Joachim Schreck

Illustrationen von Renate Totzke-Israel

ISBN 3-359-00088-9

Die Harfenjule

Emsig dreht sich meine Spule,
Immer zur Musik bereit,
Denn ich bin die Harfenjule
Schon seit meiner Kinderzeit.

Niemand schlägt wie ich die Saiten,
Niemand hat wie ich Gewalt.
Selbst die wilden Tiere schreiten
Sanft wie Lämmer durch den Wald.

Und ich schlage meine Harfe,
Wo und wie es immer sei,
Zum Familienbedarfe,
Kindstauf' oder Rauferei.

Reich mir einer eine Halbe
Oder einen Groschen nur,
Als des Sommers letzte Schwalbe
Schwebe ich durch die Natur.

Und so dreht sich meine Spule,
Tief vom Innersten bewegt,
Bis die alte Harfenjule
Einst im Himmel Harfe schlägt.

Ballade

Für Frank Wedekind

Mein Vater war ein Seebär,
Meine Mutter kam aus Holland her,
Sie hatte Blondhaar, wie Gold so schwer.

Mein Vater war ein grobes Schwein,
Meine Mutter war zart und klein,
Sie war zu schwach, sie sagte nicht nein.

Sie haßte ihn, daß er sie zwang,
Und gab ihm elf Monate lang
Zwei Taler wöchentlich zum Dank.

Und als ich dann zu Lichte kam,
Meine Mutter mich an ihre zarten Brüste nahm,
Mein Vater schlug sie krumm und lahm.

Ersäufen wollte er mich im Fleet,
Meiner Mutter Flehen war Gebet.
Er hat sich fluchend umgedreht.

Da lief sie in die Nacht hinaus,
Setzte in dunkler Twiete mich aus,
Ging in die Ulrikusgasse ins Freudenhaus.

Mich fand ein Irgendwer,
Wenn ich wüßte, wo meine Mutter wär,
Wär mir nicht oft das Herz so schwer.

In der Ulrikusgasse Nummer fünf spiel ich Klavier.
Vielleicht tanzt meine Mutter hinter mir,
Vielleicht schläft sie des Nachts bei mir...

Der arme Kaspar

Ich geh – wohin?
Ich kam – woher?
Bin außen und inn',
Bin voll und leer.
Geboren – wo?
Erkoren – wann?
Ich schlief im Stroh
Bei Weib und Mann.
Ich liebe dich,
Und liebst du mich?
Ich trübe dich,
Betrübst du mich?
Ich steh und fall,
Ich werde sein.
Ich bin ein All
Und bin allein.
Ich war. Ich bin.
Viel leicht. Viel schwer.
Ich geh – wohin?
Ich kam – woher?

Man soll in keiner Stadt

Man soll in keiner Stadt länger bleiben als ein
halbes Jahr.
Wenn man weiß, wie sie wurde und war,
Wenn man die Männer hat weinen sehen
Und die Frauen lachen,
Soll man von dannen gehen,
Neue Städte zu bewachen.

Läßt man Freunde und Geliebte zurück,
Wandert die Stadt mit einem als ein ewiges Glück.
Meine Lippen singen zuweilen
Lieder, die ich in ihr gelernt,
Meine Sohlen eilen
Unter einem Himmel, der auch sie besternt.

Am Luganer See

Durchs Fenster strömt der See zu mir herein,
Der Himmel auch mit seinem Mondenschein.
Die Wogen ziehen über mir dahin,
Ich träume, daß ich längst gestorben bin.
Ich liege auf dem Grunde alles Seins
Und bin mit Kiesel, Hecht und Muschel eins.

Ich hab am lichten Tag geschlafen

Ich hab am lichten Tag geschlafen.
Es weint das Kind. Es blökt das Rind.
In meinem Weidenbaume trafen
Sich Leiseklug und Lockenlind.

Kaum weiß ich noch, warum ich lebe.
Vereist mein Blick. Mein Blut verstürmt.
Wenn ich die Brust im Atem hebe,
Sind Felsen über sie getürmt.

Die Schwester auch am Nebelhafen,
Sie bietet süße Brust dem Wind.
Vor klingender Taverne trafen
Sie Leiseklug und Lockenlind.

Den Sternen, die am Himmel pochten,
Warf Köcher ich und Becher hin.
Ich bin mit Mohn und Tod verflochten
Und weiß nicht mehr, ob ich noch bin.

Die Schusterin

Es war einmal eines Schusters Frau,
Ein wunderschönes Weib,
Die liebte die feinen Herren
Zum schönsten Zeitvertreib.

Maß einem edlen Grafen
Der Schuster Schuhe an,
So stand sie dicht daneben
Und lächelte ihn an.

Im Garten steht eine Laube,
Es zwitschert die Nachtigall.
Dort traf sie nachts im Dunkeln
Die Kavaliere all.

Ihr Haar flog wild im Winde,
Der Mond verkroch sich sacht.
Sie liebte in ihrer Sünde
Sieben in einer Nacht.

Und als die Sonne aufging,
Der Schuster trat hervor,
Blaß wie der bleiche Vollmond
Und schwankend wie ein Rohr.

»Ich will meine Schande nicht sehen mehr
Und mein zerfallenes Haus...«
Er hob den Schusterpfriemen
Und stach sich die Augen aus.

Die Schusterin fiel in Ohnmacht,
Und als sie lallend erwacht,
Da haben zwei schwarze Männer sie
Ins Irrenhaus gebracht.

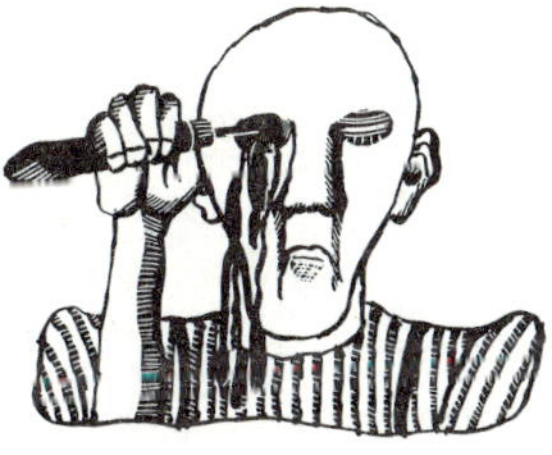

Der Leierkastenmann

Ich bin der Leierkastenmann
Und drehe meine Kurbel,
Tags steh ich in den Höfen rum
Mit meiner alten Urschel.

Ich spiel ein wunderschönes Lied,
Die Köchin schaut herunter.
Die alte Urschel ist bemüht
Und hält den Teller unter.

Da fällt ein Pfennig und ein Herz
Wohl in Papier gewickelt,
Jedoch der alte Rechnungsrat
Schenkt manchmal einen Nickel.

Ich bin der Leierkastenmann
Und dreh an meiner Kurbel.
Ich weiß noch, wie ich achtzehn war
Und siebzehn meine Urschel...

Grün sind meine Kleider

Grün sind meine Kleider,
Grün sind meine Schuh;
Denn ich liebe einen Jäger
Und des Jägers Knecht dazu.

Weiß sind meine Kleider,
Weiß sind meine Schuh;
Denn ich liebe einen Müller
Und des Müllers Knecht dazu.

Blau sind meine Kleider,
Blau sind meine Schuh;
Denn ich liebe einen Husaren
Und des Husaren Pferd dazu.

Rot sind meine Kleider,
Rot sind meine Schuh;
Denn ich liebe den Henker
Und des Henkers Knecht dazu.

Der Henker hat mich erstochen,
Rot über die Heide floß mein Blut.
Da kann man wieder sehen,
Wie falsche Liebe tut.

Die Jungfrau

Hier ruht die Jungfrau Lisa Gütersloh,
Mein Gott, sie tat nur immer so.
In der letzten Nacht noch haben sie gesehn
Einen Schlächtergesellen auf ihr Zimmer gehn.
Doch auf dem Fuße folgte die Strafe diesem Graus:
Es war des Morgens um halb vier,
Da blies derselbe Schlächter ihr
Mit seinem Schlächtermesser
Das Lebenslämpchen aus.

Die englischen Fräuleins

Die englischen Fräuleins gehen in langer Kette
durch die Stadt,
Zwei und zwei, in ihren schwarzen Mänteln wie
Morcheln, die man aus dem Boden gerissen hat.
Aber im Sommer tragen sie violette
Schärpen um den Leib. Sie schlafen allein im Bette.

– – – – – – – – – – –

Manche ist so schön,
Man möchte einmal mit ihr schlafen gehn.
Aber sie sind so klein in ihren schwarzen Kapuzen,
Ich glaube, wenn man sie lieben will, braucht man ein
ganzes Dutzend.

Ein Bürger spricht

Am Sonntag geh ich gerne ins Café.
Ich treffe viele meinesgleichen,
Die sich verträumt die neuste Anekdote reichen –
Und manche Frau im Negligé.

Sie sitzt zwar meist bei einem eleganten
Betrübten Herrn –
Ich sitz bei meinen Anverwandten
Und streichle sie von fern.

Ich streichle ihre hold entzäumten Glieder
Und fühle ihr ein wenig auf den Zahn.
Der Ober lächelt freundlich auf mich nieder.
Ein junger Künstler pumpt mich an.

Bei dem mir angetrauten Fleisch lieg ich dann
        nachts im Bette
Und denke an mein Portemonnaie.
Wenn ich ihm doch die fünf Mark nicht geliehen hätte!
O süße Frau im Negligé!

Christbaumfeier

Piano, Geige: Hupf mein Mädel *(forte)*,
Im Christbaum zucken gelblich ein paar Lichter,
Und an die Rampe tritt Kommis und Dichter
Und stottert stockend tannendufte Worte.
Man trampelt: »Bravo, Bravo« mit den Füßen
Und prostet mit den Krügen nach dem Helden,
Indem sich schon zwei weiße Fräuleins melden,
Mit »Stille Nacht« die Menge zu begrüßen.
Man säuft, man schreit, man giert und man verlost
Die Lebenslust – Rosa, unwiderstehlich,
Bringt lächelnd ihrem Buben bei (allmählich),
Daß er mich Papa ruft. – Na danke. Prost.

Hinter dem großen Spiegelfenster

Hinter dem großen Spiegelfenster des Cafés
Sitz ich und sehe heiß auf das Straßenpflaster,
Suche im Treiben der Farben und Körper
Heilung meines sentimentalen Wehs,
Sehe viele Frauen, Fremde, bunte Offiziere,
Gauner, Japaner, sogar einen Negermaster.
Alle blicken sie zu mir und haben Sehnsucht
nach der Musik im Innern,
Wollen träumerisch- und sanfter Töne sich erinnern.
Aber ich, an meinen Stuhl gebannt und gebrannt,
Starre, staune nach draußen unverwandt,
Daß jemand komme, freiwillig, nicht gedrängt,
Ein blondes Mädchen ... eine braune Dirne ...
In rosa, gelber, violetter Taille ...
... Oder meinetwegen eine dicke Rentierkanaille
Mit schmalzigem, verfetteten Hirne
Nur daß er mir für fünf Minuten seine Gegenwart
schenkt!
Ich bin so einsam! Einsamer noch macht mich
die süße Operette ...
O läg ich irgendwo in dunkler Nacht
Ein Kind in einem Kinderbette,
Von einer Mutter zart zur Ruh gebracht ...

Marietta

Kabarett zum roten Strich.
Leise flog der bunte Vogel
Über Busch und über Kogel
Unabänderlich.

Du und ich und dies und das
Unter Buchen auf dem Moose –
Eine kleine weiße Rose
Nahmst du aus dem Wasserglas.

Einmal fand ich deinen Schenkel
Kleine Rose milder Gier.
Große Mutter warst du mir,
Und ich war dir wie ein Enkel.

So wie wenn ich sterben müßte,
Dreizehn Jahre alt und jung,
Nebel und Erinnerung
Fiel ich zwischen deine Brüste.

Früher Morgen in der Friedrichstraße

Die ersten Wagen mit Zeitungsballen
Fahren am Bahnhof Friedrichstraße vor.
Alle Häuser hängen in violettem Flor.
O wilde Welt! Laß mich ins Dunkel fallen!

Die Mädchen flattern heimwärts; böse Eulen.
Aus Cafés äugen Lampen, gelb verstört.
Ein holder Walzer wird nicht mehr gehört,
Weil schon die Dampfer und Fabriken heulen.

Da braust der erste Stadtbahnzug ins Loch
Der Bahnhofshalle... Hinter Dächertraufen
Schirrt Phaeton den jungen Tag ins Joch
Und läßt die goldnen Rosse laufen.

Die Strahlenpeitsche klatscht um unser Ohr.
Des Gottes Blick erglüht uns im Genicke...
Empor zu dir! Empor!
Sonne rollt über die Weidendammer Brücke

Deutsches Volkslied

Es braust ein Ruf wie Donnerhall,
Daß ich so traurig bin.
Und Friede, Friede überall,
Das kommt mir nicht aus dem Sinn.

Kaiser Rotbart im Kyffhäuser saß
An der Wand entlang, an der Wand.
Wer nie sein Brot mit Tränen aß,
Bist du, mein Bayerland!

Wer reitet so spät durch Nacht und Wind?
Ich rate dir gut, mein Sohn!
Urahne, Großmutter, Mutter und Kind
Vom Roßbachbataillon.

O selig, o selig, ein Kind noch zu sein,
Von der Wiege bis zur Bahr!
Mariechen saß auf einem Stein.
Sie kämmte ihr goldenes Haar.

Sie kämmt's mit goldnem Kamme,
Wie Zieten aus dem Busch.
Sonne, du klagende Flamme:
Husch! Husch!

Der liebe Gott geht durch den Wald,
Von der Etsch bis an den Belt,
Daß lustig es zum Himmel schallt:
Fahr wohl, du schöne Welt!

Der schnellste Reiter ist der Tod,
Mit Juppheidi und Juppheida.
Stolz weht die Flagge Schwarzweißrot.
Hurra, Germania!

Der geistige Arbeiter in der Inflation

Wer nur den lieben Gott läßt walten –
Ich arbeite an einer Monographie über die römischen
Laren.
Am Tage liege ich im Bett, um Kohlen zu sparen.
Ich werde ein Honorar von drei Mark erhalten.
Drei Mark! Das schwellt meine Hühnerbrust
wie ein Segel.
Ein kleines Vermögen. Ich werde es in einem
Taschentuch anlegen.
Wie ich es früher trug und wie die reichen Leute
es heute noch tragen.
Um vorwärts zu kommen, muß man eben mal
leichtsinnig sein und was wagen.

Ein Jahr schon schneuze ich mich in die Hände,
Nun führt der Allerbarmer noch alles zum guten Ende.
Abends, wenn die Sterne und elektrischen Lichter
erwachen,
Da besteige ich des Glückes goldnen Nachen.

Ich stehe am Anhalter Bahnhof. Ergebenster Diener!
Ich biete Delikateßbockwurst feil und die ff. heißen
Wiener.
Manchmal hab' ich einen Reingewinn von einer halben
Mark.
Ich lege das Geld auf die hohe Kante. Ich spare für
meinen Sarg.

Ein eigener Sarg, das ist mein Stolz
Aus Eschen- oder Eichenholz,
Aus deutscher Eiche. – Das Vaterland
Reichte mir hilfreich stets die Vaterhand.
Begrabt mich in deutschem Holz, in deutscher Erde,
im deutschen Wald.
Aber bald!
Wie schläft sich's sanft, wie ruht sich's gut,
Erlöst von Schwindsucht und Skorbut.
Herrgott im Himmel, erwache ich zu neuem Leben
noch einmal auf Erden.
Laß mich Devisenhändler, Diamantenschleifer oder
Kanalreiniger werden!

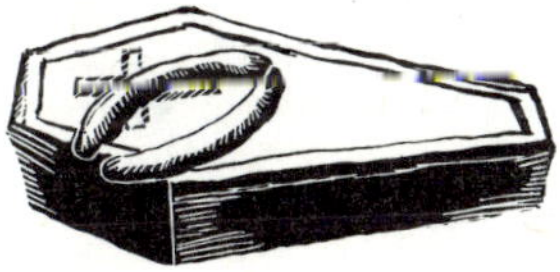

In der Stadtbahn

Ein feiles Mädchen, schön und aufgetakelt,
Ihr gegenüber, grün und unbemakelt,
Ein Jüngling, dessen Hände sanft behüten
Zwei Veilchensträußchen in den Seidendüten.
Sie sieht ihn an. Er lächelt traurig blöde:
Mein Gott, wie wird das heute wieder öde
Bei Tante Linchen, die Geburtstag feiert. –

Die Dame hat sich nunmehr ganz entschleiert.
Da ist er hingerissen, starrt ein Weilchen,
Und reicht ihr wortlos alle seine Veilchen.
Nun hat er nichts, für Tante kein Präsent...
Er wundert sich – das schöne Fräulein flennt:
Und ihre blassen Tränen auf die blauen
Märzveilchen wie Gelübde niedertauen.

Berliner Mittelstandsbegräbnis

In einer Margarinekiste habe ich sie begraben.
Ein Leihsarg war nicht mehr zu haben.
Die Kosten für einen Begräbnisplatz konnt ich nicht
erschwingen:
Ich mußte die Margarinekiste mit der teueren
Entschlafenen auf einem Handwagen in die
Laubenkolonie am Schlesischen Bahnhof
bringen.

Dort habe ich sie in stockfinsterer Nacht
Unter Kohlrüben zur ewigen Ruhe gebracht.
Aber im Frühling werden aus der Erde Kohlrüben, die
sie mit ihrem Leibe gedüngt, zum himmlischen
Lichte sprießen,
Und der Hilfsweichensteller Kraschunke wird sie zum
Nachtmahl genießen.
Während sie noch in der Pfanne (in Margarine-Ersatz)
schmoren und braten,
Bemerkt Frau Kraschunke erfreut: »Die Kohlrüben
sind dieses Jahr aber ungewöhnlich groß
geraten . . .«

Berliner in Italien

Die ganze Welt ist voll von Berlinern.
Deutschland, Deutschland überall in der Welt.
Ich sah sie auf der Promenade in Nervi sich
gegenseitig bedienern,
Und sie waren als Statisten beim Empfang des
italienischen Königs in Mailand aufgestellt.

Da konnten sie einmal wieder aus vollem Herzen
Hurra schreien.
So 'n König, und sei er noch so klein, ist doch
janz was anderes als so 'ne miekrige Republik.
In Bellaggio wandeln sie unter Palmen und Zypressen
zu zweien,
Und aus dem Grandhotel tönt (fabelhaft echt
italienisch; Pensionspreis täglich
200 Lire) die Jazzmusik.

Wie hübsch in Bologna die Jungens mit den
schwarzen Mussolinhemden!
Wie malerisch die Bettler am Kirchentor!
Die und die Flöhe finden einen Fremden
Aus hunderttausend Eingeborenen hervor.

In Genua am Hafen aus engen mit Wäsche verhangenen
Gassen winken
Schwarzäugige Mädchen und sind bereit,
Gegen entsprechendes Honorar sich abzuschminken,
O du fröhliche, o du selige Frühlingszeit.

Dagegen das Kolosseum, die ollen Klamotten,
die verstaubten Geschichten,
Das haben wir zu Hause auf halb bebautem
Gelände auch, nu jewiß.
Den schiefen Turm von Pisa sollten sie mal
jrade richten.
Mussolini hat dazu den nötigen Schmiß.

Über diesem Lande schweben egal weg die Musen,
Man sehe sich die Brera und die Uffizien an.
Die mageren Weiber von Botticelli kann ich
nich verknusen,
Aber Rubens, det is mein Mann.

Wohin man sieht, spuckt einer oder verrichtet
sonst eine Notdurft: es ist ein echt
volkstümliches Treiben.
Prächtig dies Monomuent Vittorio Emmanueles
in Rom: goldbronziert und die Säulenhalle
aus weißem Gips.
Dafür kann mir das ganze Forum jestohlen bleiben.
Ich bin modern. A proposito: haben Sie für
Karlshorst sichere Tips?

Die Ballade von den Hofsängern

Wir ziehen dahin von Hof zu Hof.
Arbeiten? Mensch, wir sind doch nicht dof.
Wir singen nicht schön, aber wir singen laut,
Daß das Eis in den Dienstmädchenherzen taut.
  Jawoll.

Wir haben nur lausige Fetzen an,
Damit unser Elend man sehen kann.
Der hat keine Jacke und der kein Hemd,
Und dem sind Stiefel und Strümpfe fremd.
  Jawoll.

Wir kriegen Kleider und Stullen viel,
Die verkaufen wir abends im Asyl.
Ein Schneider lud mitleidig uns zu sich ein,
Da schlugen wir ihm den Schädel ein.
  Jawoll.

Wir singen das Lied vom guten Mond
Und sind katholisch, wenn es sich lohnt,
Auch singen wir völkisch voll und ganz
Für'n Sechser Heil dir im Siegerkranz.
  Jawoll.

Unger, Boeger, Ramsick, so heißen wir.
Auf die Gerechtigkeit scheißen wir.
Mal muß ja ein jeder in die Gruft,
Und wir, wir baumeln mal in der Luft.
  Jawoll.

Baumblüte in Werder

Tante Klara ist schon um ein Uhr mittags
besinnungslos betrunken.
Ihr Satinkleid ist geplatzt. Sie sitzt im märkischen
Sand und schluchzt.
Der Johannisbeerwein hat's in sich. Alles jubelt
und juchzt
Und schwankt wie auf der Havel die weißen
Dschunken.

Waldteufel karren, und Mädchenaugen glühn.
Mutta, Mutta, kiek ma die Boomblüte.
Ach du liebe Güte –
Die Blüten sind alle erfroren. Ein einsamer
Kirschbaum versucht zu blühn.

Eisige Winde wehn. In den Kuten balgt und sielt
Sich ein Kinderhaufen. Der Lenz ist da: ertönt
es von Seele zu Seele.
Ein schon melierter Herr berappt für seine Tele,
Die ein Kinderbein für ein Britzer Knoblinchen hielt.

Vater spielt auf der Bismarckhöhe mit sich
selber Skat und haut
Alle Trümpfe auf den Tisch, unbeirrt um das
Wogen und Treiben der Menge.
Braut und Bräutigam verlieren sich im Gedränge,
Ach, wie mancher erwacht am nächsten Morgen
mit einer ihm bis dato unbekannten Braut.

Mutter Natur, wie groß ist deiner Erfindungen Pracht!
Vor lauter Staub sieht man die Erde nicht.
Tief geladen, mit Klumpen von Menschen
beladen, sticht
Ein Haveldampfer in See. Schon dämmert es.
Über den Föhren erscheint die sternklare,
himmlische, die schweigsame Nacht.

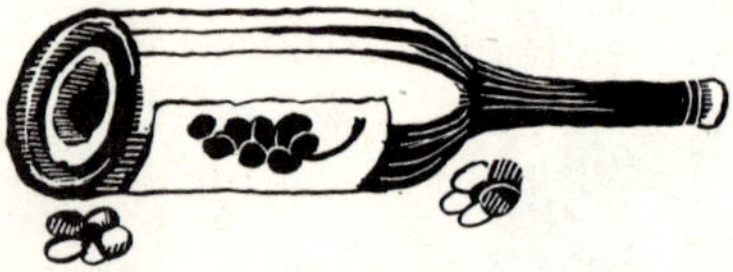

Grabschrift für eine Jungfrau

Hier ruht die Jungfrau Emma Puck aus Hinter-
stallupeinen,
Eine Mutter hatte sie eine, einen Vater hatte
sie keinen.
In Unschuld erwuchs sie auf dem Land wie eine Lilie.
Da kam sie in die Stadt zu einer Rechnungsratsfamilie.
Hier hat sich erst ihr wahres Herz gezeigt,
Indem sie gar nicht mehr zur Jungfrau hingeneigt.
Bald kam das erste Kind. Was half da alles Greinen!
Männer hatte sie viel, aber einen Mann hatte
sie keinen.

Zu Amsterdam

Zu Amsterdam bin ich geboren,
Meine Mutter war ein Mädchen ums Geld.
Mein Vater hat ihr die Ehe geschworen,
War aber weit gefehlt.

In einer dunklen Gasse,
Sah ich zum erstenmal das Sonnenlicht.
Ich wollte es mit meinen Händen fassen,
Und konnt' es aber nicht.

Ein junger Mann kam eines Tages
Und küßte mich und rief mich seinen Schatz.
Sie legten bald ihn in den Schragen,
Ein anderer nahm seinen Platz.

Wir sind im Frühling durch den Wald gegangen
Und sahen Hirsch und Reh.
Die Bäume blühten und die Vögel sangen,
Vierblättrig stand der Klee.

Ein jeder hat mir Treu in Ewigkeit geschworen,
War aber weit gefehlt.
Zu Amsterdam hab' ich mein' Ehr' verloren,
Ich bin ein Mädchen ums Geld.

Die Wirtschafterin

Drei Wochen hinter Pfingsten,
Da traf ich einen Mann,
Der nahm mich ohne den geringsten
Einwand als Wirtschafterin an.

Ich hab' ihm die Suppe versalzen
Und auch die Sommerzeit,
Er nannte mich süße Puppe
Und strich mir ums Unterkleid.

Ich hab' ihm silberne Löffel gestohlen
Und auch Bargeld nebenbei.
Ich heizte ihm statt mit Kohlen
Mit leeren Versprechungen ein.

Ich habe ihn angeschissen
So kurz wie lang, so hoch wie breit.
Er hat mich hinausgeschmissen;
Es war eine wundervolle Zeit...

In Lichterfelde Ost

Ich hab' einmal ein Mädel gehabt
In Lichterfelde Ost.
Das war wie Frau Venus selber begabt.
Sie hat mich mit Lust und Liebe gelabt
In Lichterfelde Ost.

Sie hatte das schönste schlankeste Bein
In Lichterfelde Ost.
Und wollt' ich besonders zärtlich sein,
So schlug ich ihr eins in die Fresse hinein
In Lichterfelde Ost.

Da kam ein feiner Kavalier
In Lichterfelde Ost.
Sie wurde sein Glück, sein Stück, sein Tier,
Sie sank mit ihm und er mit ihr
In Lichterfelde Ost.

Man brachte sie in das Krankenhaus
In Lichterfelde Ost.
Und als sie nach Monaten kam heraus:
Sie sah wie der Tod von Basel aus
In Lichterfelde Ost.

Jetzt bietet Papierblumen sie feil – noch knapp
In Lichterfelde Ost.
Zuweilen kauf' ich ihr welche ab.
Die leg' ich ihr übers Jahr aufs Grab
In Lichterfelde Ost.

LORI
Der Liebling der Damen
Pelze
Mass=Ateli
Kadewe
Institut de Beauté

Drei wilde Gänse

Volkslied

Drei wilde Gänse, die flogen über See.
Da schoß der Jäger alle drei,
und was einmal ins Wasser fiel,
kommt nimmer in die Höh'.

Drei junge Mädels, die führte ein Kavalier aus,
und wenn erst ein Mädel mal Sekt genascht,
Liebe genascht, Hiebe genascht –
die kommt nicht mehr nach Haus.

Und ich pfeife auf meine Jungfernschaft,
und ich pfeife auf mein Leben.
Der Kerl, der sie mir genommen hat,
um eins und um zwei und um drei bei der Nacht,
der kann sie mir nimmer geben.

Geh, schenk mir doch 'n Fuffzger,
geh, schenk mir doch 'ne Mark.
Ich will mich mit Schnaps besaufen,
ich will mir eine Villa kaufen
oder einen Sarg.

Im Obdachlosenasyl

Ich war 'n junges Ding,
Man immer frisch und flink,
Da kam von Borsig einer,
Der hatte Zaster und Grips.
So hübsch wie er war keiner
Mit seinem roten Schlips.
Er kaufte mir 'nen neuen Hut,
Wer weiß, wie Liebe tut.
Berlin, o wie süß,
Ist dein Paradies.
Unsere Vaterstadt
Schneidige Mädchen hat.
Schwamm drüber. Tralala.

Ich immer mit'n mit.
Da ging der Kerl verschütt.
Als ich im achten schwanger,
Des Nachts bei Wind und Sturm,
Schleppt ich mich auf'n Anger,
Vergrub das arme Wurm.
Es schrie mein Herz, es brannte mein Blut,
Wer weiß, wie Liebe tut.
Berlin, o wie süß,
Ist dein Paradies.
Unsere Vaterstadt
Schneidige Mädchen hat.
Schwamm drüber. Tralala.

Jetzt schieb ich auf'n Strich.
Ich hab' 'nen Ludewich.
In einem grünen Wagen
Des Nachts um halber zwee,
Da ha'm sie mich gefahren
In die Charité.
Verwest mein Herz, verfault mein Blut,
Wer weiß, wie Liebe tut.
Berlin, o wie süß,
Ist dein Paradies.
Unsere Vaterstadt
Schneidige Mädchen hat.
Schwamm drüber. Tralala.

Krank bin ich allemal.
Es ist mir allens ejal.
Der Weinstock, der trägt Reben,
Und kommt 'n junger Mann,
Ich schenk ihm was fürs Leben,
Daß er an mich denken kann.
Quecksilber und Absud,
Wer weiß, wie Liebe tut.
Berlin, o wie süß,
Ist dein Paradies.
Unsere Vaterstadt
Schneidige Mädchen hat.
Schwamm drüber. Tralala.

Er hat als Jöhr

Er hat als Jöhr von fuffzehn Jahren
Mir einst am Wedding uffjetan.
Wir sind nach Köpenick jefahren
Und sahen die Natur uns an.
Ick zog mir aus die rote Jacke.
Er hat für mich det Bier berappt,
Doch nach neun Monaten, au Backe,
Es hat jeschnappt, es hat jeschnappt.

Mein Emil is ne kesse Nummer,
Er hat schon manchen abgekehlt,
Doch fürcht' er sich vor jedem Brummer,
So jut is er, so zart beseelt.
Mir is weiß Gott schon allens piepe,
Ick lag bei ihm im Bett – da trappt
Es uff der Treppe... der Polype...
Es hat jeschnappt, es hat jeschnappt...

Im Hof der ollen Zuchthausschenke
Steht blutbespritzt ein Podium,
Der dove Pastor macht Menkenke,
Man sieht sich noch im Kreise um.
Im Mauerwerk blüht blauer Flieder,
Die Zunge klebt wie angepappt,
Da saust des Henkers Beil hernieder,
Es hat jeschnappt, es hat jeschnappt...

Ich baumle mit de Beene

Meine Mutter liegt im Bette,
Denn sie kriegt das dritte Kind;
Meine Schwester geht zur Mette,
Weil wir so katholisch sind.
Manchmal troppt mir eine Träne
Und im Herzen puppert's schwer;
Und ich baumle mit de Beene,
Mit de Beene vor mich her.

Neulich kommt ein Herr gegangen
Mit 'nem violetten Schal,
Und er hat sich eingehangen,
Und es ging nach Jeschkenthal!
Sonntag war's. Er grinste: »Kleene,
Wa, dein Port'menee is leer?«
Und ich baumle mit de Beene,
Mit de Beene vor mich her.

Vater sitzt zum ... zigsten Male,
Wegen »Hm« in Plötzensee,
Und sein Schatz, der schimpft sich Male,
Und der Mutter tut's so weh!
Ja, so gut wie der hat's keener,
Fressen kriegt er und noch mehr,
Und er baumelt mit de Beene,
Mit de Beene vor sich her.

Manchmal in den Vollmondnächten
Is mir gar so wunderlich:
Ob sie meinen Emil brächten,
Weil er auf dem Striche strich!
Früh um dreie krähten Hähne,
Und ein Galgen ragt, und er...
Und er baumelt mit de Beene,
Mit de Beene vor sich her.

Meier

Ein junger Mann mit Namen Meier
Lief täglich vor ihr auf und ab.
Er gab ihr fünfundzwanzig Dreier,
Daß sie ihm ihre Liebe gab.

Sie zählte sehr besorgt die Pfennige
Und legte sie in einen Schrank.
Allein es schienen ihr zu wenige,
Sie wünschte etwas Silber mang.

Er dachte an die Ladenkasse.
Und eines Tages ward bekannt,
Daß Rosa sich betreffs befasse,
Doch Meier sich in Haft befand.

So geht es in der Welt zuweilen:
Der erste mußt' die Klinke ziehen –
Der zweite soll sich nur beeilen,
Das Fräulein wartet schon auf ihn.

Berliner Ballade

Sie hing wie eine Latte
Vom Schranke steif und stumm.
Am Morgen sah's ihr Gatte,
Lief nach dem Polizeipräsidium.

»Meine Frau«, so schrie er, »ist verschieden...«
Doch der Polizeiwachtmeister Schmidt
Rollte blutig seine Augen:
»Wie denn, ha'm Sie den Jeburtsschein mit?«

Dieses hatte er mitnichten,
Und er setzte sich in Trab,
Spät entsann er sich der ehelichen Pflichten,
– schnitt sie ab.

Und er legt den Strick an *seine* Kehle,
Vor dem Spiegel, peinlich und honett.
Nimmt noch einen Schluck, befiehlt Gott seine Seele
– schwapp, schon baumelt er am Ehebett

Liebeslied

Hui über drei Oktaven
Glissando unsre Lust.
Laß mich noch einmal schlafen
An deiner Brust.

Fern schleicht der Morgen sachte,
Kein Hahn, kein Köter kläfft.
Du brauchst doch erst um achte
Ins Geschäft.

Laß die Matratze knarren!
Nach hinten schläft der Wirt.
Wie deine Augen starren!
Dein Atem girrt!

Um deine Stirn der Morgen
Flicht einen bleichen Kranz.
Du ruhst in ihm geborgen
Als eine Heilige und Jungfrau ganz.

Trinklied

Ich sitze mit steifer Geste
Wie ein Assessor beim Feste.
Mein Herz schlägt hinter der Weste,
Was weiß ich.
Hielte der Kragen nicht meinen Schädel,
Er rollte in deinen Schoß, Mädel,
Und tränke Tokayer dort edel,
Was weiß ich.

In mir wogt Näh und Ferne.
Prost, goldne Brüder, ihr Sterne!
Die Schenkin aus der Taverne,
Was weiß ich,
Bringt einen vollen Humpen.
Nun sauft, ihr gottvollen Lumpen,
Und qualmt mit euren Stumpen,
Was weiß ich.

Ich streichle mit weinfeuchter Tatze
Dein zartes Fellchen, Katze,
Schon springt ein Knopf am Latze,
Was weiß ich.
Wir wollen das Fest verlassen
Und im Mondenschein der alten Gassen
Uns pressen und Liebe prassen,
Was weiß ich.

Es sind so viele gegangen,
Die einst an mir gehangen,
Sie soffen mit mir und sangen,
Was weiß ich.
Und komm ich einst zu sterben,
Soll eins mir nicht verderben,
Du sollst das eine mir erben,
Das weiß ich.

Bürgerliches Weihnachtsidyll

Was bringt der Weihnachtsmann Emilien?
Ein Strauß von Rosmarin und Lilien.
Sie geht so fleißig auf den Strich.
O Tochter Zions, freue dich!

Doch sieh, was wird sie bleich wie Flieder?
Vom Himmel hoch, da komm ich nieder.
Die Mutter wandelt wie im Traum.
O Tannebaum! O Tannebaum!

O Kind, was hast du da gemacht?
Stille Nacht, heilige Nacht.
Leis hat sie ihr ins Ohr gesungen:
Mama, es ist ein Reis entsprungen!
Papa haut ihr die Fresse breit.
O du selige Weihnachtszeit!

Die heiligen drei Könige

Bettelsingen

Wir sind die drei Weisen aus dem Morgenland,
Die Sonne, die hat uns so schwarz gebrannt.
Unsere Haut ist schwarz, unsere Seel ist klar,
Doch unser Hemd ist besch... ganz und gar.
Kyrieeleis.

Der erste, der trägt eine lederne Hos',
Der zweite ist gar am A... bloß,
Der dritte hat einen spitzigen Hut,
Auf dem ein Stern sich drehen tut.
Kyrieeleis.

Der erste, der hat den Kopf voll Grind,
Der zweite ist ein unehlich' Kind.
Der dritte nicht Vater, nicht Mutter preist,
Ihn zeugte höchstselbst der heilige Geist.
Kyrieeleis.

Der erste hat einen Pfennig gespart,
Der zweite hat Läuse in seinem Bart,
Der dritte hat noch weniger als nichts,
Er steht im Strahl des göttlichen Lichts.
Kyrieeleis.

Wir sind die heiligen drei Könige,
Wir haben Wünsche nicht wenige.
Den ersten hungert, den zweiten dürst',
Der dritte wünscht sich gebratene Würst'.
Kyrieeleis.

Ach, schenkt den armen drei Königen was.
Ein Schöpflöffel aus dem Heringsfaß –
Verschimmelt Brot, verfaulter Fisch,
Da setzen sie sich noch fröhlich zu Tisch.
Kyrieeleis.

Wir singen einen süßen Gesang
Den Weibern auf der Ofenbank.
Wir lassen an einem jeglichen Ort
Einen kleinen heiligen König zum Andenken dort.
Kyrieeleis.

Wir geben auch unseren Segen drein,
Gemischt aus Kuhdreck und Rosmarein.
Wir danken für Schnaps, wir danken für Bier.
Anders Jahr um die Zeit sind wir wieder hier.
Kyrieeleis.

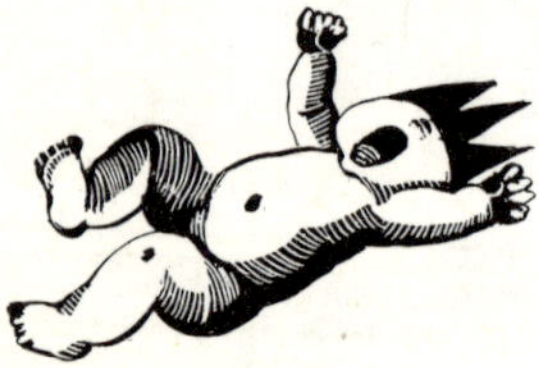

Bauz

Bauz schwingt zierlich den Zylinder,
Bauz entstellt sich hiermit vor.
Bauz hat 45 Kinder
Und 'nen Bruch im Wasserrohr.

Bauz ist ohne alle Frage,
Bauz ist geradezu direkt,
Bauz macht jede Nacht zum Tage,
Bauz hat einen Schlauchdefekt.

Bauz ist jeder Krone Gipfel,
Bauz ist jedes Ärmels Loch,
Bauz ist auf dem I das Tipfel,
Bauz kroch, wo noch keiner kroch.

Bauz ist wiederum hingegen,
Bauz ist zwecks zu dem Behuf,
Bauz ist andernteils deswegen,
Bauz ist ohne Widerruf!

Schwindsüchtige

Sie müssen ruh'n und wieder ruh'n,
Teils auf den patentierten Liegestühlen
Sieht man in Wolle sie und Wut sich wühlen,
Teils haben sie im Bette Kur zu tun.

Nur mittags hocken krötig sie bei Tisch
Und schlingen Speisen: fett und süß und zahlreich.
Auf einmal klingt ein Frauenlachen, qualreich,
Wie eine Aeolsharfe zauberisch.

Vielleicht, daß einer dann zum Gehn sich wendet,
– er ist am nächsten Tage nicht mehr da –
Und seine Stumpfheit mit dem Browning endet...

Ein andrer macht sich dick und rund und rot.
Die Ärzte wiehern stolz: Halleluja!
Er ward gesund! (und ward ein Halbidiot...)

Der Seiltänzer

Er geht. Die schräge Stange trägt ihn linde.
Der Himmel schlägt um ihn ein Feuerrad.
Ein Lächeln fällt von einem mageren Kinde,
Und an dem Lächeln wird die Mutter satt.

Ein jeder fühlt sich über sich erhaben
Und tänzelt glücklich auf gespanntem Seil.
Die Menschen wimmeln braun wie Küchenschaben,
Und sind dem Blick der Höhe wehrlos feil.

Dort unten hockt in schmutzigen Galoschen
Das Niedere und Gemeine, und es hebt
Die Stirn zur Höhe für zwei povre Groschen,
An denen feucht der Schweiß des Werktags klebt.

Hamburger Hurenlied

Wir Hamburger Mädchen haben's fein,
Wir brauchen nicht auf dem Striche sein.
Wir wohnen in schönen Häusern
Wohl bei der Nacht,
Ahoi!
Weil es uns Freude macht.

Es kommen Kavaliere, Neger und Matros,
Die werden bei uns ihre Pfundstücke los,
Sie liegen uns am Busen
Wohl bei der Nacht,
Ahoi!
Weil es uns Freude macht.

Madam kocht schlechtes Essen, Sami spielt Klavier,
Mit den Kavalieren tanzen wir,
Fließt ein Taler drüber,
Wird er Madam gebracht,
Ahoi!
Weil es uns Freude macht.

Eines Tages holt die Sitte uns hinaus,
Und sie sperrt uns in das graue Krankenhaus.
Dann sind wir tot und sterben
Wohl bei der Nacht,
Ahoi!
Weil es uns Freude macht.

Mystik

Ich gehe langsam durch die Stadt
Zum Ein- bis Zweifamilienbad.
Schon hebt sich aus der weißen Flut
Ein brauner Bauch, der trübe tut.
Der Bauch tut nichts. Je nun: ich weiß:
die andre Seite ist der Steiß.
Ein jedes erntet hier sein Heil
Vom Gegen-Teil. Im Gegen-Teil.

Das Notabene

Nach Bellman

Holt mir Wein in vollen Krügen!
(Notabene: Wein vom Sundgau)
Und ein Weib soll bei mir liegen!
(Notabene: eine Jungfrau)
Ewig hängt sie mir am Munde.
(Notabene: eine Stunde...)

Ach, das Leben lebt sich lyrisch
(Notabene: wenn man jung ist),
Und es duftet so verführisch
(Notabene: wenn's kein Dung ist),
Ach, wie leicht wird hier erreicht doch
(Notabene: ein Vielleicht noch...)

Laß die Erde heiß sich drehen!
(Notabene: bis sie kalt ist)
Deine Liebste sollst du sehen
(Notabene: wenn sie alt ist...)
Lache, saufe, hure, trabe –
(Notabene: bis zum Grabe).

Vagabundenlied

In der Heimat ohne Fremde
Bin ich ganz auf mich gestellt.
Und mein Herze und mein Hemde
Sind mein alles auf der Welt.

Um ein Lächeln leichten Mundes
Geh ich schwärmend in den Tod.
Mit den Brüdern meines Bundes
Sauf ich bis zum Morgenrot.

Schwäre hat den Leib zerfressen,
Sonne selbst hab ich verspielt.
Über allem unvergessen
Schwebt die Seele, welche fühlt.

Dies ist das Lied, das Villon sang

Dies ist das Lied, das Villon sang,
Als man ihn hängen wollte.
Er fühlte um den Hals den Strang,
Er sang das Lied den Weg entlang,
Der Schinderkarren rollte.

Hängt mich den Schurken zum Alarm
Nur hoch in alle Winde!
Wegweiser schlenkere mein Arm,
Er weist den Weg dem schlimmen Schwarm
Und manchem braunen Kinde.

Einst hat der Teufel mich gekirrt,
Nun hör ich Bäume singen.
Ich fühle Gott. Mein Auge schwirrt.
Mein Leib, mein armer Leib, er wird
Als Aveglocke schwingen.

Lebenslauf

Geboren ward Klabund,
Da war er achtzehn Jahre
Und hatte blonde Haare
Und war gesund.

Doch als er starb, ein Trott,
War er zwei Jahre älter,
Ein morscher Lustbehälter,
So stieg er aufs Schafott.

Er brachte ein' Zwilling um...
(Das Mädchen war vom Lande
Und kam dadurch in Schande
Und ins Delirium.)

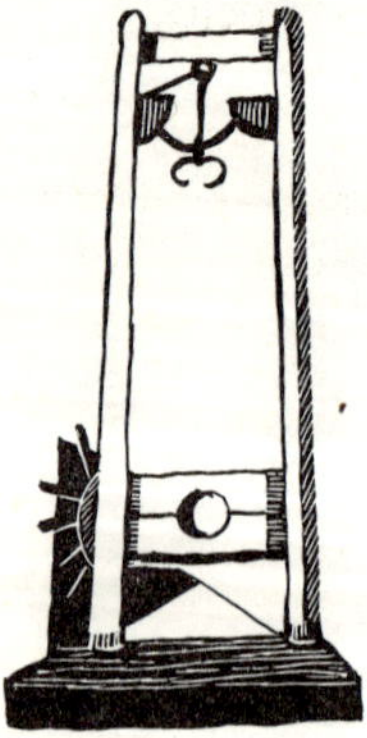

Spaziergang

Über uns will es sich in den Zweigen regen,
Und ein hübscher Vogel macht sich plüsternd breit.
Wird er jetzt wohl Eier legen
Oder was ist seine Tätigkeit?

Plötzlich hat's auf der erhobenen Stirne
Irgendwie und irgendwo geklext,
Und von einem Stoff, der – hm – in keines Menschen
Hirne,
Sondern (vorher) auf den Feldern wächst.

War das eines Geistes mahnend ernste Stimme?
Oder war's ein leises Scherzo nur?
Zwiegeteilt in bodenlosem Grimme,
Flieht man die ungastliche Natur.

Und man fragt sich, während man so wandelt:
Ist denn das gerecht,
Daß die Kreatur derartig unanständig handelt,
Wenn verehren man und preisen möcht'?

Komische Elegie

Der Himmel ist heute ein dicker weißer Sack
Von Mehl oder Kleie.
Die Luft riecht nach Ammoniak,
Und es sieht aus, als ob es bald schneie.

Ich denke, daß an dem
Tage, der – vor einem Jahre – diesem heutigen
Tage voranging,
Ich zwei Marktweiber sah, welche Tandem
Fuhren, und einen Herrn, trotz des winterlichen
Wetters bekleidet mit Nanking.

Zum Zwecke eines tröstenden Blutgeschwüres
Kauf ich verschiedene Flaschen Schnäpse. Wo misch
Ich sie? Wo sauf ich sie? Oh, rühr es
Den Himmel doch, wie meine Seele heute traurig
zugleich und komisch.

Melancholie

Schau, den Finger in der Nase
Oder an der Stirn,
Zeitigt manche fette Phrase
Das geölte Hirn.

Warum liebt der die Erotik?
Jener die Zigarrn?
Der die Aeropilotik?
Der den Kaiserschmarrn?

Warum geht's uns meistens dreckig?
Weshalb schreib ich dies Gedicht?
Warum ist das Zebra fleckig
Und Mariechen nicht?

Dennoch ahnt man irgendwie
Gottes Qualverwandtschaft,
Trifft man unerwartet sie
Draußen in der Landschaft.

Der Verzweifelte

I

Noch nie hat mir der Herbst so weh getan,
Daß ich mich ohne Freundin blaß begnüge.
Am Bahnhof steh ich oft und seh die Züge
Einlaufen nach des Kursbuchs rotem Plan.

Hier kommt ein Zug um fünf und dort um sechs.
Der aus Polzin. Und der aus Samarkand.
So oft ich mich an eine Frau gewandt,
Entfloh sie mit dem Zeichen höchsten Schrecks.

Man wundert sich, daß ich so kopflos bin
Und daß ich ohne Beine gehen kann.
Und daß ich ohne Männlichkeit ein Mann,
Und daß ich ohne Sinnlichkeit ein Sinn.

2

Mich liebt kein Mensch. Ich sitze hier beim Tee.
Es schmerzt das Herz, die Niere tut mir weh.
Die Mädchen, welche mich geschminkt begrüßen,
Sie sind mit großer Vorsicht zu genießen.

Sie stellen mit des Abenteuers Buntheit
Aufforderung an unsre Gesundheit.
Die ist mir heilig. Etwas andres nicht.
Kein Mensch, kein Tier, kein Stern und kein Gedicht.

Wenn ich hier Verse reimend niederschreibe,
Geschieht es nur zu meinem Zeitvertreibe.
Man glaube nicht an Absicht oder Zweck.
Ich bin ein hirnlich infizierter Dreck.

Der fiel von einem Pferd, das fern enttrabt.
Ich werde weder gern noch sonst gehabt.
Man sieht durch mich hindurch. Man geht an mir vorbei.
Und niemand hört des Stummen Klageschrei.

Unglücksfall

Es stehen vor dem Hebekran
Ein kleines Kind, ein Hund, ein Mann.
Die Eisenkette rollt und rinnt,
Es staunen Mann und Hund und Kind.
Da saust sie nieder auf den Grund,
Zerschmettert Mann und Kind und Hund.
Gemäßigt naht die Polizei,
Ein Chemiker ist auch dabei,
Bis er den Totbestand befund:
Ein kleines Kind, ein Mann, ein Hund.

Arabeske

Zuweilen stehe ich am Fenster.
Es ist schon Nacht. Das Gaswerk schweigt.
So viele zärtliche Gespenster
Sind jetzt in Lust sich zugeneigt.

Am Güterbahnhof rollen Züge.
Ein Trinker tänzelte im Schumm.
Des Mondes leichte Silberlüge
Beglitzert ein Panoptikum.

Die Bäume zittern, weil sie frieren.
Ein Elmslicht über meinem Haus.
Gardinen flackern, schlagen Türen,
Und plötzlich geht die Lampe aus.

Der Backfisch

1

Papa ist heute furchtbar aufgeschwemmt.
Er blinzelt müde in die Morgenzeitung.
Mama im Morgenrock und ungekämmt,
Befaßt sich mit des Kaffees Zubereitung.

Dann spricht sie: Anton! Komm! Es wird bald Zeit!
Du darfst mir das Büro nicht noch versäumen! –
Ich sitz am Tisch in meinem Rosakleid
Und will den ganzen Tag in Rosa träumen.

2

Sie sagen in der ersten Mädchenklasse manchmal
unanständige Sachen.
Ob Maria sich damit befasse?
Der Primaner Hubert hat doch Rasse.
Und sie lachen.

Und wir heben unsre Kleider, zeigen unsre
hübschen Beine.
Manche möchten mit nervösen
Fingern sich zum Scherz ihr Mieder lösen...
Und ich weine...

Tango

Tango tönt durch Nacht und Flieder.
Ist's im Kurhaus die Kapelle?
Doch es springt mir in die Glieder,
Und ich dreh mich schnell und schnelle.

Tango – alle Muskeln spannt er.
Urwald und Lianentriebe,
Jagd und Kampf – und wie ein Panther
Schleich ich durch die Nacht nach Liebe.

Die verlorene Welt

Ich bin ohne Glück und unrasiert,
Meine Hosen drehn sich in Spiralen.
Meinen Hut hat mir ein Herr entführt,
Ohne ihn entsprechend zu bezahlen.

Meine Gummischuhe weilen wo?
Ebendort zweihundert Manuskripte,
Die der Straßenreiniger rauh und roh
In den Exkrementenkasten schippte.

Goldne Nadel, die den Schlips bestach!
O ihr braunpunktierten Oberhemden!
Eines zieht das zweite andre nach;
Meine Heimat wandelt unter Fremden.

Wäscherin stahl mir das letzte Glück.
Die Vermieterin möblierter Höhlen
Legt mir auf den Nachttisch Beil und Strick,
Um mir zart das Jenseits zu empfehlen.

Haß sprüht wie ein fahles Feuerwerk
Mir aus allen aufgerißnen Poren,
Und ich renne schreiend wie ein Zwerg
Nach der Riesenwelt, die ich verloren.

Resignation

Ja, so geht es in der Welt,
Alles fühlt man sich entgleiten,
Jahre, Haare, Liebe, Geld
Und die großen Trunkenheiten.

Ach, bald ist man Doktor juris
Und Assessor und verehlicht,
Und was eine rechte Hur is,
Das verlernt man so allmählicht.

Nüchtern wurde man und schlecht.
Herz, du stumpfer, dumpfer Hammer!
Ist man jetzt einmal bezecht,
Hat man gleich den Katzenjammer.

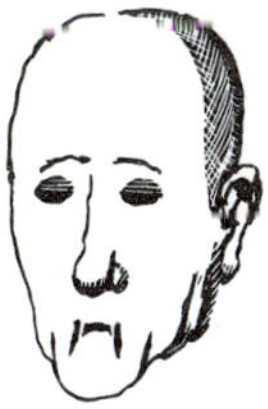

Zirkus

Die Puppen laden hölzerne Geschütze.
Schon sinkt
Im Korktod
Dummer August blaß.
Geschminkte Hände halten
Säbelblech.
Der Wangen rote Tulpen
Blühen faul.
Die Augen (sanfte Augen der Natur)
Entgleiten maulwurfunterwürfig in den dunklen
Erdbraunen Nachtgott.
Ihn ersah
Zum Ziel sich die bedeutende Strategin,
Die Liebe, die durch tausend Reifen sprang,
Auf Pferdchen äffchensamt geritten,
Den Himmel der Manege spaltete.
Vom Turmseil schwirrte
Der entthronte Künstler.
Der Kopf
Fraß blutend Sägespäne.
Und die Hände
(die schönen Hände, die den Balancierstock
schwangen, den silbernen, mit Löwenkopf gezierten),
Sie riefen Hilfe im Ertrinken,
Versinken unterm Sand.
Das Publikum
Schoß Beifall aus kanonengleichen Mäulern.

Partenkirchen

Müde bin ich, ach, der städtischen Sterne.
Bräunliches Frühlingslaub dunkelt im Kalterer-Wein.
Mein Blut spritzt morgenrot über die Berge,
Zwei Herzen balanciere ich an einer langen Stange
seiltragend zwischen Zugspitze und Kramer.

Auf dem Riessersee schwebt eine rote Jacke.
Zwei schlanke Füße ritzen eislaufend meine Wange.
Ein Münchener Rechtsanwalt begrüßt mich freundlich
funkelnd.
Ewig bin ich allein, Mädchen, trotz deiner selig mir
zuspringenden Brüste.

Weil ich keine Zentralheizung in meinem Zimmer habe
friere ich sehr.
Ich lese im Bett die Annoncen der »Münchener
Neuesten Nachrichten«, um eine Stellung
zu finden.
Eine Stellung als Freund. Oder als Diener vielleicht,
Dienend in Sanftmut einem redlichen Gott.

Davoser Bar

Die rosa Sängerin mit jenem Juden,
Der achtungsheischend ein Monokel trägt,
Fühlt sich vom Lärm der laubenbunten Buden
Ersichtlich auf- und ab- und angeregt.

Er dreht mit ihr sich rund im Karusselle,
Er lüftet ihr den gelbpunktierten Sekt,
Indem die oberitalienische Kapelle
Sich selbst und andre mit Musik befleckt.

Ein Herr tanzt exaltiert wie ein Tuberkel,
Des Frackes Schöße zwitschern vogelgleich.
Die rosa Sängerin hält fürstlich Cercle.
Ein Oberleutnant pokert schreckensbleich.

Ein Jüngling träumt von einer fernsten Ferne.
Aus seiner ausgeschnittnen Weste stiert
Die Höhlung einer riesigen Kaverne,
In der die Nacht wie eine Palme friert.

Montreux

Hier sieht die Landschaft man nicht vor Hotels.
Es riecht nach Beefsteak und nach faulen Eiern.
Schloß Chillon steht betrübt auf einem Fels
Und ist berühmt durch Dichtungen von Byron.

Der Tag beginnt mit einem fetten Lunch,
Dann schiebt zum Liegestuhl man sacht den vollen
Geliebten Bauch. Und Wesen, die sich Mensch
(Mit Unrecht) nennen, hügelabwärts rollen.

Wer unter hundert Franken Rente hat
(Pro Tag), der ist ein wüster Proletarier.
Man frißt an Hummer sich und Kaviar satt,
Und ist kein Klassenhaß von Jud und Arier.

In tausend Meter Höhe erst ist Luft,
Dort findet man zwei ärmliche Narzissen.
Sie wachsen einer Jungfrau aus der Gruft
Und sind versehentlich nicht ausgerissen.

Der Romanschriftsteller

Graugelb ist sein Gesicht. Die Nase
Steigt klippenspitz empor. Die Augen liegen fleckig,
Mißtrauisch von den Wimpern tief beschattet,
Geduckt zum Sprung wie Panther in der Höhlung.
Der rechte Arm mit der Zigarre steht
Steif wie ein Schwert, als wolle er damit
Sich von den andern sondern, die ihm widerwärtig
Und dennoch so sympathisch sind.
Schlägt er die Asche ab,
So fällt wie Hohn sie aufs Gespräch.
Ein kurzes »Ja«, ein scharfes »Nein«
Wirft er zuweilen in die Unterhaltung.
Mit diesem spitzen »Ja« und »Nein«
Spießt er die Leute wie auf Nadeln auf
Und nimmt sie mit nach Hause
Für seine Käfersammlung.
– – – Schlägt man das nächste Buch des Dichters auf.
O Gott! Schon ist man selber drin verzeichnet,
Und wer sich in gerechter Selbsterkenntnis
Für ein libellenähnlich Wesen hielt,
Der findet sich erstaunt als Mistbock wieder.

Der Lehrer

Meist war er klein und kroch am Boden hin
Wie eine Küchenschabe braun und eklig.
Er stak in abgeschabten Loden drin
Und stank nach Fusel und nach Schweiß unsäglich.

Doch manchmal wuchs er riesig in das Licht,
Wuchs übern Kirchturm, schattete die Erde.
Am Himmel brannte groß sein Angesicht,
Damit die Schöpfung seines Glanzes werde.

Er schlug das Aug auf wie das Testament (mich graust,
Wenn ich dran denk), pfiff wie im Rohr die Dommeln,
Ließ donnern, blitzte, hob die Sonnenfaust
Und ließ sie furchtbar auf uns niedertrommeln.

An die Natur

Gedicht des Lehrers

Natur! Natur! Du Götterwelt!
Wie bist du prächtig aufgestellt
Mit Bergen groß und Tälern klein,
Es hat wohl müssen also sein.

Und mittendrin in der Natur
Dehnt sich die grüne Wiesenflur,
Im Winter ist sie weiß beschneit,
So hat ein jedes seine Zeit.

Auch du, auch du, o Menschenkind,
Bedenke, wie die Zeit verrinnt.
Heut rauscht sie mächtig noch daher,
Und morgen sieht man sie nicht mehr.

Frisch auf, frisch auf, mit Hörnerklang
Durch das verschneite Tal entlang,
Die Glöckchen klingen am Geläut:
Gestern war gestern, morgen wird morgen sein,
heute ist heut.

Winterschlaf

Indem man sich zum Winter wendet,
Hat es der Dichter schwer,
Der Sommer ist geendet,
Und eine Blume wächst nicht mehr.

Was soll man da besingen?
Die meisten Requisiten sind vereist.
Man muß schon in die eigene Seele dringen
– Jedoch, da hapert's meist.

Man sitzt besorgt auf seinem Hintern.
Man sinnt und sitzt sich seine Hose durch,
– Da hilft das eben nichts, da muß man eben
überwintern
Wie Frosch und Lurch.

Proleten

Sieben Kinder in der Stube
Und dazu ein Aftermieter,
Hausen wir in feuchter Grube,
Und der blaue Tag – o sieht er
Uns, verbirgt er sein Gesicht.
Gebt uns Licht, gebt uns Licht!

Büße Weib die Ehe, büße.
Wie wir einst uns selig wähnten –
Sehn wir jetzt nur noch die Füße
Der an uns Vorübergehnden ...
Keiner, der mal stehenbliebe ...
Gebt uns Liebe, gebt uns Liebe!

Mancher schläft auf nacktem Brette.
Unsre Älteste, die Katze,
Schnurrt dafür in einem Bette
Mit dem Mieter, ihrem Schatze.
Die Moral ist für den Spatz ...
Gebt uns Platz, gebt uns Platz!

In dem Sausen der Maschinen,
In dem Fauchen der Fabrik,
Wo sind Berg und Reh und Bienen
Und der Sterne Goldmusik?
Unser Ohr ist längst verstopft ...
Hämmer klopft, Hämmer klopft!

Und so kriechen unsre Tage
Ekle Würmer durch den Keller,
Und wir hungern, und wir klagen
Nie: schon pfeift die Lunge greller;
schmeißt die Schwindsucht uns in Scherben ...
Laßt uns sterben, laßt uns sterben!

Pogrom

Am Sonntag fällt ein kleines Wort im Dom,
Am Montag rollt es wachsend durch die Gasse,
Am Dienstag spricht man schon vom Rassenhasse,
Am Mittwoch rauscht und raschelt es: Pogrom!

Am Donnerstag weiß man es ganz bestimmt:
Die Juden sind an Rußlands Elend schuldig!
Wir waren nur bis dato zu geduldig.
(Worauf man einige Schlucke Wodka nimmt...)

Der Freitag bringt die rituelle Leiche,
Man stößt den Juden Flüche in die Rippen
Mit festen Messern, daß sie rückwärts kippen.
Die Frauen wirft man in diverse Teiche.

Am Samstag liest man in der »guten« Presse:
Die kleine Rauferei sei schon behoben,
Man müsse Gott und die Regierung loben...
(Denn andernfalls kriegt man eins in die Fresse.)

Nach der Schlacht an der englischen Front

Die Totengräber haben schon
Die Schaufeln angesetzt, da naht sich holpernd
ein Viererzug,
Und ihm entsteigen stolpernd die Reisenden
der Firma Cook
And Son.

Eifrig und ernst begibt man sich ans Sammeln
Leerer Patronenhülsen oder -taschen.
Indem die steifen Missis Kognakbohnen naschen,
Hört man Verwundete nach Wasser stammeln.

Ein toter Belgier... Man hätte beinah was verpaßt...
Ein Fußballspieler schätzt den grünen Rasen.
Ein leiser Knall... Trompetenblasen...
Und ein ergrauter Lord erblaßt.

Akim Akimitsch

Akim Akimitsch,
Darfst nicht mehr säen und schaffen,
Väterchen ruft zu den Waffen,
Akim Akimitsch.

Akim Akimitsch,
Was hat der Krieg für einen Zweck?
Eure Stiefel sind papierner Dreck,
Akim Akimitsch.

Akim Akimitsch,
Eure Großfürsten paschen
Alle Kontribution in ihre Taschen,
Akim Akimitsch.

Akim Akimitsch,
Du wirst lesen lernen
In dunklen Büchern und hellen Sternen...
Akim Akimitsch...

Akim Akimitsch,
In der Revolution
Anno Sechs erwachtest du einmal schon...
Akim Akimitsch...

Akim Akimitsch,
An deinem Blut saugen die fetten Egel
Der Romanows. Nimm deinen Dreschflegel,
Akim Akimitsch – schlag sie tot!

Mein Bruder

Ich war schon einmal in diesem Land daheim.
Ich sah schon einmal jene polnische Kuppel.
Und jenen Baum. Und jene Wolke lag
Auch im Frieden an meinem Herzen.

Nur neigte sie sich sanfter. Und kein Rauch
Verscheuchte ihre blinkende Leidenschaft. Der
Himmel rollte
Still wie ein Rad am Ackerwagen, und kein Geschrei
war
Der Millionen entlaufenen Tiere.

O dieser Lärm! Der Mond selbst trommelt dumpf.
Die Sterne flöten nachts. Dem Tod am Morgen
Ist Licht nicht heilig. Seht: er erschlägt der Sonne
Goldene Pauke.

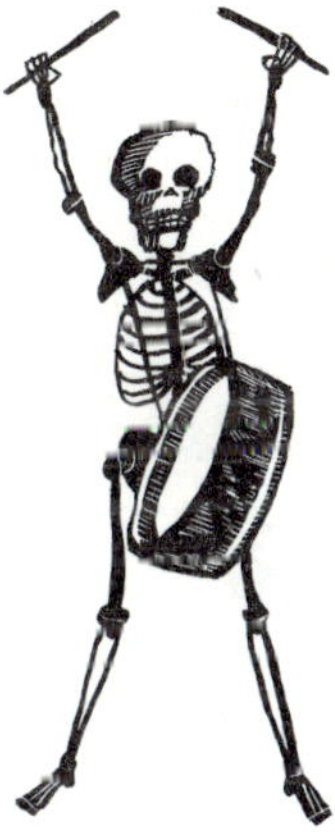

Der Friede

Der Friede stürzt ins Land
Gleich einem Schaf, von Wölfen angerissen.
Er trägt ein grau Gewand,
Zerflattert und zersplissen.

Sein Antlitz ist zerfressen,
Sein Auge ohne Glanz.
Er hat vergessen
Den eignen Namen ganz.

Gleich einem alten Kind
(Gealtert früh in Harmen)
Steht er im Abendwind
Und bettelt um Erbarmen.

Es glänzt sein blondes Haar,
Der Sonne doch ein Teilchen.
Er bietet lächelnd dar
Ein welkes Herz und welke Veilchen.

Die Kriegsbraut

Ich sage immer allen Leuten,
ich wäre hundert Jahr...
Die Hochzeitsglocken läuten...
Es – ist – alles – gar – nicht – wahr.

Ich liebte einst einen jungen Mann,
Wie man nur lieben kann.
Ich habe ihm alles geschenkt,
Tirili, tirila –
Er hat sich aufgehängt
An seinem langen blonden Spagathaar...

Auf den Straßen wimmeln Geschöpfe:
Ohne Arme, ohne Beine, ohne Herzen, ohne Köpfe.
An der Weidendammer Brücke dreht einer den
Leierkasten.
Nicht rosten,
Nicht rasten –
Was kann das Leben kosten?
Er hat eine hölzerne Hand,
Aus seiner offenen Brust fließt Sand.
Neben ihm die Schickse
Glotzt starr und stier.
Er hat statt des Kopfes eine Konservenbüchse,
Und sie ist ganz aus Papier
Eia wieg das Kindelein,
Kindelein
Soll selig sein.

Mein Bräutigam hieß Robert.
Er hat ganz Frankreich allein erobert,
Dazu noch Rußland und den Mond,
Wo der liebe Gott in einer goldnen Tonne wohnt.

Als er auf Urlaub kam,
Eia, eia,
Er mich in seine Arme nahm,
Eia, eia.
Die Arme waren aus Holz,
Das Herz war aus Stein,
Die Stirn war aus Eisen,
– Gott wollt's –
Wie sollt es anders sein?

Er liegt in einem feinen Bett … trinkt immer Sekt …
Eia popeia –
Er hat sich mit Erde zugedeckt,
Eia popeia –
Nachts steigt er zu mir empor.
Er schwankt wie im Winde ein Rohr.
Seine Augen sind hohl. Transparent
In der offenen Brust sein Herz rot brennt.
Seine Knochen klingeln wie Schlittengeläut:
Ich bin der Sohn des großen Teut!
Flieg, Vogel, flieg!
Mein Bräutigam ist im Krieg!
Mein Bräutigam ist im ewigen Krieg!
Flieg zum Himmel, flieg!
Fliege bis an Gottes Thron
Und erzähle Gottes Sohn:
– Vielleicht ihn freut's, vielleicht ihn reut's –
Millionen starben, Gott, wie du
Den Heldentod am Kreuz!
Noch ist die Menschheit nicht erlöst,
Weil Gott im Himmel schläft und döst.

Wach auf, wach auf, und zittre nicht,
Wenn der Mensch über dich das Urteil spricht!
Groß, Herr im Himmel, ist deine Schuld,
Doch größer war des Menschen Geduld.
Tritt ab vom Thron,
Du Gottessohn,
Denn du bist nur des Gottes Hohn:
Es flammt die himmlische Revolution.
Du sollst verrecken wie wir!
Tritt ab
Ins Grab,
Mach Platz
Der Ratz,
Dem Lamm oder sonst einem Tier!

Vater ist auch dabei

Und als sie zogen in den Krieg –
Vater war Maikäfer – Maikäfer flieg –
Da standen am Fenster die zwei,
Vergrämt, verhungert, Mutter und Kind,
Tränen wuschen die Augen blind:
Vater ist auch dabei –

Der Krieg war zu Ende. Er kam nach Haus.
Er zog die zerlumpte Montur sich aus.
Am Fenster standen die zwei:
»Geh nicht auf die Straße!« »Ich muß, ich muß –«
Und Schuß auf Schuß! Hie Spartakus!
Vater ist auch dabei!

Vorbei der Traum der Revolution;
Wenn früh die Kolonnen ziehn zur Fron,
Stehen am Fenster die zwei:
Es zieht ein Zug von Hunger und Leid
In Ewigkeit – in die Ewigkeit –
Vater ist auch dabei.

Berliner Weihnacht 1918

Am Kurfürstendamm da hocken zusamm
Die Leute von heute mit großem Tamtam.
Brillanten mit Tanten, ein Frack mit was drin,
Ein Nerzpelz, ein Steinherz, ein Doppelkinn.
Perlen perlen, es perlt der Champagner.
Kokotten spotten: Wer will, der kann ja
Fünf Braune für mich auf das Tischtuch zählen...
Na, Schieber, mein Lieber? – Nee, uns kann's
nich fehlen.
Und wenn Millionen vor Hunger krepieren:
Wir wolln uns mal wieder amüsieren.

Am Wedding ist's totenstill und dunkel.
Keines Baumes Gefunkel, keines Traumes Gefunkel.
Keine Kohle, kein Licht... im Zimmereck
Liegt der Mann besoffen im Dreck.
Kein Geld – keine Welt, kein Held zum lieben...
Von sieben Kindern sind zwei geblieben,
Ohne Hemd auf der Streu, rachitisch und böse.
Sie hungern – und fräßen ihr eignes Gekröse.
Zwei magre Nutten im Haustor frieren:
Wir wolln uns mal wieder amüsieren.

Es schneit, es stürmt. Eine Stimme schreit: Halt...
Über die Dächer türmt eine dunkle Gestalt...
Die Blicke brennen, mit letzter Kraft
Umspannt die Hand einen Fahnenschaft.
Die Fahne vom neunten November, bedreckt,
Er ist der letzte, der sie noch reckt...
Zivilisten... Soldaten... tach tach tach...
Salvenfeuer... ein Fall vom Dach...
Die deutsche Revolution ist tot...
Der weiße Schnee färbt sich blutigrot...
Die Gaslaternen flackern und stieren...
Wir wolln uns mal wieder amüsieren...

Die Carmagnole (1792)

Nach dem Französischen

Was will das Proletariat?
Daß keiner zu herrschen hat!
Kein Herr soll befehlen,
Kein Knecht sei zu quälen,
Freiheit! Gleichheit! allen Seelen!
  Vorwärts, Brüder, zur Revolution!
  Kaltes Blut, heißer Mut!
  Vorwärts, es wird gehn,
  Wenn wir getreu zusammenstehn.

Was will das Proletariat?
Sich endlich fressen satt.
Nicht mit knurrendem Magen
Für feiste Wänste sich schlagen,
Für sich selbst was wagen.

Was will das Proletariat?
Daß keiner mehr dien als Soldat.
Ewigen Frieden wollen wir
Und die Kugel dem Offizier.
Will leben. Bin Mensch. Kein Hundetier.

Was will das Proletariat?
Für den Bauern Acker und Saat.
Nicht Gutsherr noch Gendarm,
Die machen ihn ärmer als arm.
Land für alle! Alarm! Alarm!

Was will das Proletariat?
Weder Eigentum noch Staat!
Die Tyrannei zu Falle!
Die Erde für alle!
Den Himmel für alle!
  Vorwärts, Brüder, zur Revolution!
  Kaltes Blut, heißer Mut!
  Vorwärts, es wird gehn,
  Wenn wir getreu zusammenstehn.

Lied der Zeitfreiwilligen

Ich bin ein Zeitfreiwilliger
Und stehle dem lieben Gott die Zeit.
Es lebt sich billiger, wenn man:
Nieder mit den Spartakisten schreit.
Fuffzehn Märker den Tag.
Daneben allens frei.
Es ist ein herrliches Leben.
Juchhei.

Ich verdiente mir meine Sporen
Bei Kapp.
Als dessen Sache verloren,
Zog ich ab.
Ich gehöre wieder zu den Regierungstreun
Und habe den Schutz der Verfassung erkoren.
Ich breche alle Eide von acht bis neun,
Die ich von sieben bis acht geschworen.

Neulich bei Mechterstädt: Pst...
Zeigten wir's den Arbeiterlaffen.
Falls es irgendwo ruhig ist,
Muß man eben künstlich Unruhe schaffen.
Laßt die Maschinengewehre streichen! Ins Kabuff.
Immer feste druff.
Unsere Anatomie braucht Leichen.

Vorfrühling 1923

Heute fing ich – Krieg ist Krieg – eine Maus in der
Schlinge.
Frühlingswolken flattern rosig im Winde.
Emma schrieb mir von unserm gemeinsamen Kinde,
Daß es schon in die Schule ginge,
Daß – wie erhebend! – ein Einser Fritzchens Zensur
im Rechnen ziere,
Weil er patriotisch (nebenbei gesagt: als einziger der
Klasse,
Der Idiot...) à la hausse der Mark spekuliere...

Heute begegnete ich den ersten Staren.
Zum ersten Mal bin ich auch mit der Nord-Süd-Bahn
gefahren.
Ich bildete mir ein, vom Nord- zum Südpol zu rasen.
Am Wedding sah ich Eskimos mit Tran handeln,
Pinguine durch die Chaussee-Straße wandeln,
Und am Halleschen Tor hörte ich die Kaurineger im
Jandorfkraal zum Kampfe blasen.

Nur immer Mut! Die Front an der Ruhr steht fest.
Die Kohlen werden von Tag zu Tag billiger.
Die Nächte kürzer. Die Gesichter länger. Die Frauen
williger.
Und wenn nicht alles täuscht (es rüsten Russen und
Polen,
Rumänen, Ungarn, Jugoslawen und Mongolen):
So wird uns spätestens mit den ersten Schoten
Der unwiderruflich letzte Krieg geboten.

Immer ran! Das darf keiner versäumen! Rassenkampf!
Klassenkampf! Wer geht mit? (Ich passe
Und offeriere für Kriegsberichterstatter fünftausend
ungedruckte Stimmungsbilder aus dem vorletzten
Weltkrieg, sofort greifbar gegen Kasse.)

Nachruf auf Cuno

Cuno steigt in die Arena.
Mensch, wie er, so kann es keena.
Cuno wird das Tau schon ziehn.
Er dreht 's Ding nicht –
's Ding dreht ihn.

Cuno stemmt mit Pappgewichten.
Cuno wird die Zwietracht schlichten.
Geht die Sache noch so schief:
Cuno ist und bleibt passiv.

Steigt der Dollar in die Puppen:
Cunon kann das nicht verschnuppen.
Er verschenkt zum Schleuderpreise
Pfund und Dollar scheffelweise.

Cuno, das ist unser Mann.
Cuno regt den Spartrieb an.
Jeder Arbeit wird ihr Lohn:
Eine Mark gleich 'ner Million.

Steuernstundung, Markkredite:
Alles für des Volks Elite.
Stinnes singt von steiler Höh in den Alpen:
Safe qui peut.

Cuno pirscht auf Nietzsches Fährte:
Unterwertung aller Werte.
Cuno sagt aus Karten wahr.
Was er nicht zahlt, zahlt er bar.

Cuno spielt für uns Patience
Mit Kanonen, Gas und Tanks.
Treibt's Poincaré idiotisch:
Cuno schafft es mehr auf gotisch.

Cuno ist für alles gut,
Cuno hebt gesunknen Mut,
Senkt die Mark von Etsch bis Belt
Unter alles in der Welt.

Steigt ins Walhall deutscher Geister
Cuno jetzt, der Währungsmeister –
Laßt's nicht zur Verzweiflung treiben:
Helfferich, er wird uns bleiben!

1000 000 000 000

Regenschirmparaden

Vor unserm Feldmarschall, dem Ruppert:
Wie manches Heldenherz da puppert.
Man sieht mit Schirmen und mit Stöcken
Vorbeimarschiern die alten Recken.

Mit achtzig und mit neunzig Jahren
Sind sie von weitem hergefahren,
Um mit den wackeligen Gliedern
Den Königsgruß steif zu erwidern.

Ach, besser wär's, ihr alten Knaben,
Ein Rückgrat überhaupt zu haben
Im Leben und daheim im Laden
Und nicht bei völkischen Paraden.

Wenn ihr im Feld spazieren tut,
Zieht ihr da euren Sonntagshut
Und reckt ihr euch aus den Gesträuchen
Vor den (zum Beispiel) Vogelscheuchen?

Der Landwirt Würstlein von Sebelsdorf

Patriotisches Gedicht

Der Landwirt Würstlein von Sebelsdorf,
Ein Mann von echtem Schrot und Schorf,
Der hat den rechten Fleck auf dem Mund,
Der lockt keinen Ofen vor den Hund.

Es fließt ein Bach durchs Bayernland,
Der Wittelsbach wird er genannt,
In seinem treuen Schoße kann
Sich bergen jedweder Untertan.

Und als das siebente Knäblein kam,
Er König Rupprecht zum Paten nahm,
Das ist ein Brauch von altem Korn,
Daran zerschellt des Feindbunds Zorn.

Trotz Gut und Blut hie schwarzweißrot,
Da hat es selbander keine Not!
Fest steht und treu der Rhein auf der Wacht.
Durch Sieg zum Tod! Durch Licht zur Nacht!

Oberammergau in Amerika

Was unsern Christus Lang betrifft,
So hatte er sich eingeschifft,
Um in atlantischen Bezirken
Fürs heilige Christentum zu wirken.

In Boston war er hinterm Zaun
Wie'n Gnu für'n Dollar anzuschaun,
Mit ihm im feschen Dirndlkleid
Maria Magdala. All right.

Es wußten Mister, Miss und Missis
Bisher von Christus nichts Gewisses,
Bis salbungsvoll und blondbehaart
Er sich leibhaftig offenbart.

Er kommt aus Bayerns Urwaldwildnis,
Verkauft für zwanzig Cents sein Bildnis
Mit Palme, Kreuz und Ölbaumreis.
(In Holz geschnitzt ein höherer Preis.)

Ach, manche Miss entbrannte schon
Für ihn in großer – yes – Passion.
Barnum erblaßt vor Neid und kläfft:
Weiß Gott, sein Sohn versteht's Geschäft...

Gang durch den herbstlichen Wald

Es kommt der Herbst. Die Luft saust kalt.
Kein lieber Gott geht durch den Wald.
Ein alter Mann von siebenzig
Sucht Feuerung für den Winter sich.

Auch unser Herz ist ausgeloht,
Und etwas Feuerung täte not.
Wie runzlig blickt das ganze Land
Und riecht nach Fäulnis penetrant.

Im Sand verrinnen allgemach
Der Wittels- und der Fechenbach.
Im Moor, dort, wo man stach den Torf,
Verfällt das alte Ludendorff.

Mit Halali und mit Geheil
Nimmt an der Ebertjagd man teil.
Wer jetzt nicht liebt Sang, Weib und Wein –
Fest steht und treu der Schacht am Rhein.

Man leert die Hosentaschen aus.
Kein Rentenpfennig drin, o Graus.
Versuch's und stell dich auf den Kopf:
Ach, kein Gedanke drin, du Tropf!

Verdreckt, verreckt, verhurt, verlumpt
– Wer, der uns noch 'nen Taler pumpt?
Es bringt der allgemeine Dalles
Noch Deutschland, Deutschland unter alles.

Du kleines Köhlermädchen, sei
Im Moose meine Herbstesfei.
Der Regen rinnt. Es weint der Wind,
Weil wir so schrecklich einsam sind.

Es kommt der Herbst. Die Luft saust kalt.
Ein Schauer streicht durch Welt und Wald.
Gib mir den Mund. Komm zu mir her.
Umarme mich. Mich friert so sehr.

Die Ballade des Vergessens

In den Lüften schreien die Geier schon,
Lüstern nach neuem Aase.
Es hebt so mancher die Leier schon
Beim freibiergefüllten Glase,
Zu schlagen siegreich den alt bösen Feind,
Tät er den Humpen pressen...
Habt ihr die Tränen, die ihr geweint,
Vergessen, vergessen, vergessen?

Habt ihr vergessen, was man euch tat,
Des Mordes Dengeln und Mähen?
Es läßt sich bei Gott der Geschichte Rad
Beim Teufel nicht rückwärts drehen.
Der Feldherr, der Krieg und Nerven verlor,
Er trägt noch immer die Tressen.
Seine Niederlage erstrahlt in Glor
Und Glanz: Ihr habt sie vergessen.

Vergaßt ihr die gute alte Zeit,
Die schlechteste je im Lande?
Euer Herrscher hieß Narr, seine Tochter Leid,
Die Hofherren Feigheit und Schande.
Er führte euch in den Untergang
Mit heitern Mienen, mit kessen.
Längst habt ihr's bei Wein, Weib und Gesang
Vergessen, vergessen, vergessen.

Wir haben Gott und Vaterland
Mit geifernden Mäulern geschändet,
Wir haben mit unsrer dreckigen Hand
Hemd und Meinung gewendet.
Es galt kein Wort mehr ehrlich und klar,
Nur Lügen unermessen...
Wir hatten die Wahrheit so ganz und gar
Vergessen, vergessen, vergessen.

Millionen krepierten in diesem Krieg.
Den nur ein paar Dutzend gewannen.
Sie schlichen nach ihrem teuflischen Sieg
Mit vollen Säcken von dannen.
Im Hauptquartier bei Wein und Sekt
Tat mancher sein Liebchen pressen.
An der Front lag der Kerl, verlaust und verdreckt
Und vergessen, vergessen, vergessen.

Es blühte noch nach dem Kriege der Mord,
Es war eine Lust, zu knallen.
Es zeigte in diesem traurigen Sport
Sich Deutschland über allen.
Ein jeder Schurke hielt Gericht,
Die Erde mit Blut zu nässen.
Deutschland, du sollst die Ermordeten nicht
Und nicht die Mörder vergessen!

O Mutter, du opferst deinen Sohn
Armeebefehlen und Ordern.
Er wird dich einst an Gottes Thron
Stürmisch zur Rechenschaft fordern.
Dein Sohn, der im Graben, im Grabe schrie
Nach dir, von Würmern zerfressen...
Mutter, Mutter, du solltest es nie
Vergessen, vergessen, vergessen!

Ihr heult von Kriegs- und Friedensschluß – hei:
Der andern – Ihr wollt euch rächen:
Habt ihr den frechen Mut, euch frei
Von Schuld und Sühne zu sprechen?
Sieh deine Fratze im Spiegel hier
Von Haß und Raffgier besessen:
Du hast, war je eine Seele in dir,
Sie vergessen, vergessen, vergessen.

Einst war der Krieg noch ritterlich,
Als Friedrich die Seinen führte,
In der Faust die Fahne – nach Schweden nicht schlich
Und nicht nach Holland 'chapierte.
Einst galt noch im Kampfe Kopf gegen Kopf
Und Mann gegen Mann – indessen
Heut drückt der Chemiker auf den Knopf,
Und der Held ist vergessen, vergessen.

Der neue Krieg kommt anders daher,
Als ihr ihn euch geträumt noch.
Er kommt nicht mit Säbel und Gewehr,
Zu heldischer Geste gebäumt noch:
Er kommt mit Gift und Gasen geballt,
Gebraut in des Teufels Essen.
Ihr werdet, ihr werdet ihn nicht so bald
Vergessen, vergessen, vergessen.

Ihr Trommler, trommelt, Trompeter, blast:
Keine Parteien gibt's mehr, nur noch Leichen!
Berlin, Paris und München vergast,
Darüber die Geier streichen.
Und wer die Lanze zum Himmel streckt,
Sich mit wehenden Winden zu messen –
Der ist in einer Stunde verreckt
Und vergessen, vergessen, vergessen.

Es fiel kein Schuß. Steif sitzen und tot
Kanoniere auf der Lafette.
Es liegen die Weiber im Morgenrot,
Die Kinder krepiert im Bette.
Am Potsdamer Platz Gesang und Applaus:
Freiwillige Bayern und Hessen...
Ein gelber Wind – das Lied ist aus
Und auf ewige Zeiten vergessen.

Ihr kämpft mit Dämonen, die keiner sieht,
Vor Bazillen gelten nicht Helden,
Es wird kein Nibelungenlied
Von eurem Untergang melden.
Zu spät ist's dann, von der Erde zu fliehn
Mit etwa himmlischen Pässen.
Gott hat euch aus seinem Munde gespien
Und vergessen, vergessen, vergessen.

Ihr hetzt zum Krieg, zum frischfröhlichen Krieg,
Und treibt die Toren zu Paaren.
Ihr werdet nur einen einzigen Sieg:
Den Sieg des Todes gewahren.
Die euch gerufen zur Vernunft,
Sie schmachten in den Verlässen:
Christ wird sie bei seiner Wiederkunft
Nicht vergessen, vergessen, vergessen.

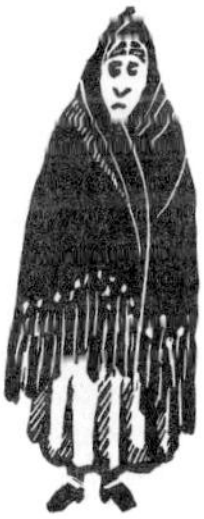

Gut Holz!

Zum 37. Stiftungsfest
des Verbandes deutscher Kegelsportvereine

Wer hat dich so hoch da droben –
Das Kegelspiel ist schon seit ewigen Zeiten eine kulturelle Macht.
Ursprünglich haben die Götter mit dem Mond nach den Sternen geschoben,
Und erst später haben sie die Erfindung der Holzkugel gemacht.

Nämlich das kam so: Mit dem Holzkopf der Gott –
Wie hieß er doch gleich? jedenfalls war's kein christlicher –
Der Heilige Geist trieb wieder einmal mit den heiligsten Dingen seinen unwürdigen Spott,
Bezweifelte sich selbst, die unbefleckte Empfängnis – kurz und gut,
Der betreffende Gott war sprachlos und verlor seinen Kopf.
Aus Versehen schob Zeus mit ihm, und der Holzkopf erwies sich als unverwüstlicher

Denn (bzw. als) der Mond. Vom Holz zum Eisen, von der Holzkugel zur Kanonenkugel ist nur ein Schritt.
Und dann kam man auch von den Sternen ab und fand es netter,
Von nun an auf lebende Menschen zu schieben
(da, wie bekannt, die Götter den Menschen über alles lieben)
– Und so war der ganze Weltkrieg nur ein Preiskegeln der Götter.

Der rumänische Räuberhauptmann Terente

Ich bin Seine Majestät der Räuberhauptmann
Terente und geruhe, im Donaudelta das
Zepter eines knorrigen Eichenknüttels zu
schwingen.
Ich bin der Herr der hundert Teiche und der
Sklave der tausend Mädchen.

Eines Tages in Braila auf dem Markt sah ich zwei
schöne Schwestern vom Erker auf mich
herniederlächeln.
Eines Nachts in Braila auf dem Markt raubte ich
sie zu ihren Geschwistern, den Wildenten,
in den Donausumpf.

Ich liebe die armen Teufel, die armen Engel.
Ich habe zehn Kriegsinvalidenbettlern Leierkästen
gekauft.
Sie spielen auf den Höfen in Bukarest und Konstanza
das Lied vom Räuberhauptmann Terente.

Cojoccar und Cervusa sind Laffen gegen mich.
Man wird sie mit Recht oder Unrecht hängen.
Aber nicht hängen wird man mich, der ich hänge
wild am Leben.
Aeroplane, kleine Kanonenboote, Maschinengewehre,
Polizisten, Matrosen, Gendarmen,
Soldaten sind gegen mich aufgeboten.
Ein ganzes Heer gegen einen.
Ich bin die Summe eurer Rechenkünste:
Ich bin euer Gesetz, das sich gegen euch wendet.

Ihr habt mich im Kriege rauben und morden gelehrt.
Ich bin euer gelehrigster Schüler, ich, Seine Majestät
der Räuberhauptmann Terente.

Leiferde

Wir leben ganz im Dunkeln,
Uns blühen nicht Ranunkeln
Und Mädchen glühn uns nicht.
Wir sind von Gott verworfen
Und unter Schmutz und Schorfen
Ist unsre Brust mit Schwefel ausgepicht.

Der Rucksack, der ist leer,
Das Hirn von Plänen schwer,
Mit uns will's niemand wagen.
Wir finden Stell' und Arbeit nicht,
Der Hunger wie mit Messern sticht
Den Magen.

Wir sind dahingezogen
Durch Not und Kot und Dreck.
Der Wind hat uns verbogen,
Das Leben uns belogen,
Die Menschheit warf uns weg.

Wir wateten im Schlamm,
Wir kamen an den Damm,
Ein Zug flog hell vorüber,
Ach, niemand rief: Hol über!
Hol über!

Es tranken Kavaliere
Im Speisewagen Mumm.
Wir sind nicht einmal Tiere,
Uns wandern Herz und Niere
Ziellos im Leib herum.

Den Klotz nun auf die Schienen,
Der Qualen ist's genug,
Bald kommt der nächste Zug,
Wir wollen was verdienen
– Und sei's auch nur das Hochgericht.
Wenn wir im Äther baumeln
Und zu den Sternen taumeln,
Sehn wir zum erstenmal das Licht –
Das Licht.

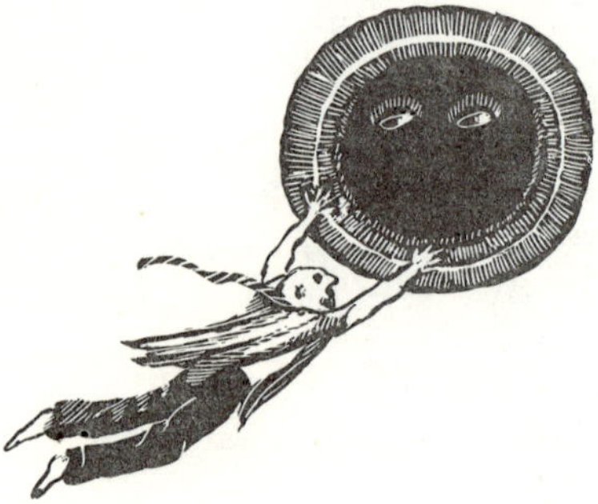

Sonette des Spielers

Das erste Spiel

Wir liegen in der Welt. Das erste Spiel
Treibt wohl die Mutter mit den Brüsten leis.
Dann tritt die Amme in den krausen Kreis,
Sie weiß sehr wenig und sie lehrt uns viel.

Der Bleisoldat schießt nun nach seinem Ziel.
Beim Murmelschieben winkt manch schöner Preis.
Mit Reifen rennen freut den Buben. Sei's
Für sich, sei's mit dem zärtlichen Gespiel.

Dem Mädchen, dem die erste Andacht gilt.
Bald spielt sie mit dem Knaben ganz allein.
Sie streichelt ihn. Sie schmollt. Sie lacht. Sie schilt.

Er flieht zu Würfel, Dirnenscherz und Wein.
Sie wendet schaudernd sich von seinem Bild
Und stößt unwissend ihn in Nacht hinein.

Die Caro-Dame

Ich bin kein Mensch, aus dem man Staaten macht,
Und keiner machte jemals Staat mit mir.
Ich bin von jedem Hökerweib verlacht,
Und man rangiert mich unter Stein und Tier.

Ich bin mit keinem Elternpaar bedacht.
Ich saufe als Assessor nicht mein Bier;
Ich ruf der Soldateska nicht: Habt Acht!
Und schlafe klein im dunkelsten Revier.

Oft aber schieß ich strahlend wie die Blüte
Der Sonnenblume über Nacht ins Blau,
Und Sonne steht mir himmlisch im Gemüte.

Ich schlag die Volte wie sein Rad der Pfau
Und schwebe übersinnlich in die Mythe
Am Arm der engelgleichen Carofrau.

Poker (Damenvierling)

Wem je die Muse sich vervierfacht bot,
Der wandelt trunken über diese Auen.
Was dünken ihn die Haus- und Straßenfrauen
Und was Narzissenwind im Abendrot.

Er schlägt drei Könige bedeutsam tot.
Selbst eine volle Hand darf er beschauen.
Er schüttet in den Abgrund jenen lauen
Kübel voll Jammertum und Menschennot.

Melpomene, du mit der Maske Pik,
Thalia, Sterngelächter hell im Herzen,
Du Klio, trefflich, mit dem Zeichen Sieg –

Oft stand ich sumpfversunken tief in Schmerzen
Da winkte, daß die Seele mondwärts stieg,
Kalliope mit goldnen Hochzeitskerzen.

Bakkarat

Mir träumte einst von einer zarten Neun.
Ich hielt sie sicher gegen fünf und sieben.
Millionen waren in der Bank geblieben,
Nun durft ich sie in alle Winde streu'n.

Ich schenkte einem Mädchen sie beim Heu'n.
Ich ließ das Gold in goldnen Sieben sieben.
Ich wagte tausend Frau'n zugleich zu lieben,
Und brauchte keinen schlimmen Schutzmann scheu'n.

Ich kaufte mir die blanken Feldherrntressen,
Die Horizonte, die mein Auge sah,
Ließ meine Verse nur in Silber pressen.

Ich badete mich in Lawendel – ah –
Und kaufte für den Rest mir das Vergessen –
Doch dich vergaß ich nimmer, Bakkarat!

Das Glück im Spiel

Wenn Gold wie reifes Korn das Schicksal mäht:
O selig durch die späte Nacht zu streichen
Und einen Hunderter der ersten reichen,
Die mir verhärmt und grau entgegenweht.

Ihr Dankesseufzer gilt mehr als Gebet.
Vor meinem Glücke muß ein jeder weichen.
Vor meinem Angesicht sind Menschen Leichen,
Um die, noch lebend, Hauch des Aases steht.

Ich stolpre funkelnd weiter auf der Wacht
Zum liebsten Mädchen, das am Fenster lauscht.
Ich hör sie huschen. Eine Lippe lacht.

Ich seh sie hinterm Vorhang, der sich bauscht,
Ich steig durchs Fenster, schüttle ihr die Pracht
Des Reichtums in den Schoß, der golden rauscht.

Skat

Sie hocken, ihre Socken schweißgetränkt,
Den Leib bedeckt mit braven Jägerhemden.
Sie dulden keinen zugereisten Fremden,
Und jeder Groschen wird verschämt gesenkt.

Der Blick am Blatt steil wie am Galgen hängt.
Man teilt. Ein scheuer Jude flüstert: »Wemm denn?«
Ein Turnvereinler preist den Kreuzer Emden,
Indem er feurig seine Röllchen schwenkt.

Zwei Herrn erbleichen, weil sie stark verlieren
(So zwei Mark achtzig, wenn ich richtig sah.
Mir geht das Spiel beträchtlich an die Nieren,

Beziehungsweise die es spielen ...) »Tja«,
Strahlt der Herr Apotheker, »Grand mit Vieren«
Und fühlt als Sohn sich der Germania.

Der Tod im Bridge

Es spielen dreie mit verdeckten Karten.
Ein dummer Vierter findet sich zumeist,
Der ihre Heuchelei als Tugend preist
Und den sie mit erhab'nen Reden narrten.

Dieweil er sinnend in den Höhen reist
Und seine Sinne der Erfüllung harrten,
Lächeln die andern höhnisch, und sie karrten
Schutt auf sein Veilchenbeet, das Wehmut heißt.

Er nennt die Wahrheit Spiegel, Spiel und Pflicht.
Und offen will er seine Pfeile senden.
Sein Gegenspieler ist auf Mord erpicht.

Umsonst: er kann das Schicksal nicht mehr wenden.
Den andren demaskiert das Morgenlicht,
Und dreizehn Trümpfe hält er schwarz in Händen.

Die Farben

Ich habe, Jahr, dein Sinnbild bald erbeutet:
Du Cœur bist Frühlingsblut – und Blütenfarbe.
Du Caro bindest Sonnenschein zur Garbe,
Du Pik bist Glocke, die zum Herbste läutet.

Wenn Hund und Mensch sich dann im Winter häutet,
Und man begreift, daß man um alles darbe:
Fühlt man in seiner Brust die alte Narbe
Und sieht das schwarze Kreuz, das Treff bedeutet.

Ein kurzer Weg vom Herz voll Lenz und Blut
Zum schwarzen Kreuze, das man ächzend schleppt.
Einst war man Kind und spielte Kindheit gut.

Nun steht auf leichter Bühne man und stept
In gelbem Frack und violettem Hut.
Man glaubt zu neppen – und man wird geneppt.

Der Kiebitz

Es geht wohl immer einer neben dir,
Er sieht dir in das aufgeschlagne Blatt,
Er läuft am Wagen als das fünfte Rad
Und trinkt mit dir aus einem Glase Bier.

Er ist dein Schatten, und du bist sein Tier.
Was du auch schlingst, er sagt sich niemals satt.
Dein ganzes Dasein scheint ihm schal und matt,
Und er verlangt *sein* Leben, ach, von dir.

Wohin du auch die müden Schritte lenkst,
Wie eine Bremse schwirrt er stets um dich.
Und was du tust und was du auch bedenkst:

Er zehrt von deinem Ansehn brüderlich.
Wenn du dich in des Todes Masse mengst:
Er bleibt am Leben: geil und lüderlich.

Eifersucht

Vorzustellen: Michael Jaroschin – untertänigst –
ist mein Name.
Wohlgeboren, Hochgeboren auf dem Berge
Gaurisankar.
Sah von oben stets nach unten, von den Gletschern
in die Täler,
Von den Wolken auf die Wipfel, von der Sonne
auf die Erde.

Und so sah ich eines Tages – vorzustellen:
Michael Jaroschin,
Sonnengott von Profession – sah ich eines Tages nachts
(Jaroschin scheint auch des Nachts), sah ich
Durch ein unverhangnes Fenster... die geliebte Frau.

Sah die liebliche, die liebe, sah die Liebste, die
Geliebte
– In den Armen eines andern –
Eines höheren Beamten, eines niederen Charakters.

Da erbleichte selbst die Sonne, vorzustellen:
Michael Jaroschin,
Hob den goldnen Sonnendolch und stieß ihn
strahlend durch das Fenster,
Stieß dem Mann ihn in den Nacken, fuhr der
Dolch da durch den Nacken
Und dem Weibe in die Brust noch: Also lagen
auf dem Diwan beide hingestreckt, durchbohrt
Von dem Dolch des Sonnengottes, vorzustellen:
Michael Jaroschin.

Hütet euch, ihr ungetreuen Weiber, vor dem
Sonnengotte!
Ihn betrog die Sonnenfrau, und sie mußte darum
sterben.
Vorzustellen: Michael Jaroschin hält die Wacht
im Irrenhause
Als ein Rächer seiner Ehre, Rächer jeder Mannes Ehre.
In ihm glüht die edle Flamme, heilge Flamme:
Eifersucht.

Weihnacht

Ich bin der Tischler Josef,
Meine Frau, die heißet Marie.
Wir finden kein' Arbeit und Herberg'
Im kalten Winter allhie.

Habens der Herr Wirt vom goldnen Stern
Nicht ein Unterkunft für mein Weib?
Einen halbeten Kreuzer zahlert ich gern,
Zu betten den schwangren Leib. –

Ich hab kein Bett für Bettelleut;
Doch scherts euch nur in den Stall.
Gevatter Ochs und Base Kuh
Werden empfangen euch wohl. –

Wir danken dem Herrn Wirt für seine Gnad
Und für die warme Stub.
Der Himmel lohns euch und unser Kind,
seis Madel oder Bub.

Marie, Marie, was schreist du so sehr? –
Ach Josef, es sein die Wehn.
Bald wirst du den elfenbeinernen Turm,
Das süßeste Wunder sehn. –

Der Josef Hebamme und Bader war
Und hob den lieben Sohn
Aus seiner Mutter dunklem Reich
Auf seinen strohernen Thron.

Da lag er im Stroh. Die Mutter so froh
Sagt Vater Unserm den Dank.
Und Ochs und Esel und Pferd und Hund
Standen fromm dabei.

Aber die Katze sprang auf die Streu
Und wärmte zur Nacht das Kind. –
Davon die Katzen noch heutigen Tags
Maria die liebsten Tiere sind.

Ironische Landschaften

Brauner Äcker welliger Zug

Brauner Äcker welliger Zug,
Draus zweiarmig eine Mühle wächst.
Ein paar Pflaumenbäume, wahllos hingekleckst,
Ruhn auf eines Hügels schlankem Bug.

In der Ferne seh ich ein paar Föhren,
Stolzen Wuchses, mit Giraffenbeinen,
Und sie scheinen
Mir dem Fiskus zu gehören.

Gleich einem Zuge grau zerlumpter Strolche

Gleich einem Zuge grau zerlumpter Strolche
Bedrohlich schwankend wie betrunkne Särge
Gehn Abendwolken über jene Berge,
In ihren Lumpen blitzen rote Sonnendolche.

Da wächst, ein schwarzer Bauch, aus dem Gelände
Der Landgendarm, daß er der Ordnung sich beflisse,
Und scheucht mit einem bösen Schütteln seiner Hände
Die Abendwolkenstrolche fort ins Ungewisse.

Sommerbetrachtung

Hier saß ich oft. An diesem grünen Strauch.
Die Rosen blühen heute röter noch.
Die Fuchsien halten ihre Farbe auch.
Es bellt am Zaun der kahle Köter noch.

Die Espe zittert, weil es ihr Beruf.
Den roten Pilz betreut der Regenwurm.
Ein Einhorn scharrt versonnen mit dem Huf.
Die Sonne steht als Frau auf einem Turm.

Der Sommer herbstelt. Im geharkten Kies
Geht an der Krücke ein geborstner Greis.
Ein Kind spielt Mutter. Und es lächelt leis,
Als ich ihm eine offne Grube wies.

Bei jedem Schritte trifft man auf ein Grab
Von Leuten, die noch längst am Leben sind.
O liebstes Herz, dem meinen Leib ich gab:
Wie wohlig weht durch mein Skelett der Wind!

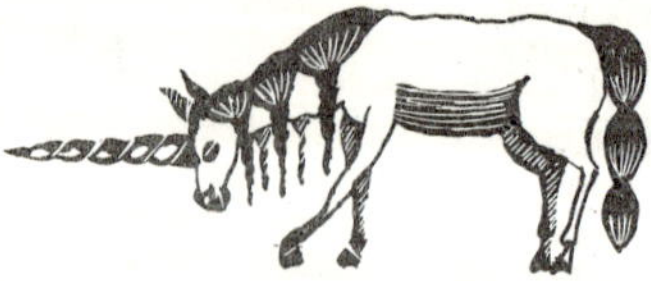

Als sie zur Mittagszeit noch schlief

Für Carola Neher

Zwar es ist schon Mittagszeit,
Sonne steht schon hell am Himmel –
In den Straßen: welch Gewimmel,
In den Herzen: welches Leid –
Manches Segel bauscht der Wind,
Mancher Kutter bleibt im Hafen –
Du sollst schlafen, du sollst schlafen,
Du sollst schlafen, liebes Kind.

Siebzigmal littst du Haitang,
Fünfzigmal starbst du Johanna –
Schmecktest Süßigkeit und Manna,
Wenn der Quell der Qualen sprang.
Süßes, junges Blut – es rinnt –
Küsse, Dolche flammten, trafen –
Du sollst schlafen, du sollst schlafen,
Du sollst schlafen, liebes Kind.

Einmal endet sich das Spiel,
Einmal endet sich das Grausen,
Und die Ewigkeit wird kühl
Dir um Brust und Schläfen sausen.
Sand deckt dich wie Wolle lind,
Und der Hirte bläst den Schafen –
Du sollst schlafen, du sollst schlafen,
Du sollst schlafen, liebes Kind.

Liebeslied

Dein Mund, der schön geschweifte,
Dein Lächeln, das mich streifte,
Dein Blick, der mich umarmte,
Dein Schoß, der mich erwarmte,
Dein Arm, der mich umschlungen,
Dein Wort, das mich umsungen,
Dein Haar, darein ich tauchte,
Dein Atem, der mich hauchte,
Dein Herz, das wilde Fohlen,
Die Seele unverhohlen,
Die Füße, welche liefen,
Als meine Lippen riefen –:
Gehört wohl mir, ist alles meins,
Wüßt nicht, was mir das liebste wär,
Und gäb nicht Höll noch Himmel her:
Eines und alles, all und eins.

Sommerelegie

Sommer. Ich bin so müde.
Alles noch braun und leer.
Förster mit Büchse und Rüde.
Jagd über Moore und Meer.

Möwen in silbernen Binsen.
Alpen gezahnt und gezackt.
Sterbende Hasen linsen
In den Mondkatarakt.

Schöner Falter im Himmel,
Sieh, mir versagt der Blick,
Deiner Flüge Gewimmel
Fällt in sich selber zurück.

Kühe, die niemand melkte,
Mit dem Euter so fahl,
Und das verwölkte, verwelkte,
Göttliche Bacchanal –

Deutschland ist untergegangen
In einem Bad von Stahl.
Heraldische Drachen und Schlangen
Beten zum biblischen Baal.

Ein blühender Weidenstengel
Erschlägt diese ganze Welt.
Schlafe, mein Stahlbadengel,
Schlaf, Nie-gelungen-Held.

Trauercarmen in memoriam unserer plötzlich heimgegangenen Katze

Unsere alte Katze ist verschieden,
War so sanft und gut.
Ach, sie war des Hauses Trost und Frieden,
Und nun liegt sie da in ihrem Blut.
In Gestalt des Lifts kam er geschlichen,
Lautlos, tückisch, flink: der Tod,
Bis sie unter seiner Eisenfaust verblichen,
Und das ganze Treppenhaus war rot.
Nimmer wirst du mehr im Schoß der Herrin schnurren
oder schnarren,
Und der Herr, er krault dich nicht von Zeit zu Zeit.
Unterm Schnee wird man dir eine Grabstatt scharren
Nur zwei Schuhe breit.
Aber einst wird die Posaun ertönen,
Wenn der Katzengott zur Auferstehung bläst.
Und du wandelst dann mit vielen schönen
Katern zum erkornen Fest.
Wie behaglich wirst du in das Himmelsbett,
des Himmels Bett dich schmiegen.
Mäuse gibt es ohne Zahl und keinen Hund.
Jeden Tag wirst du ein andres Junges kriegen,
Weiß und schwarz und scheckig oder bunt.
Aber unsre Tränen tropfen, und wir raufen
Uns die Haare sonder Ruh.
Zwar man könnte eine andre Katze kaufen,
Aber das wärst doch nicht du.
Was auch Darwin oder Haeckel sage:
Eine Seele hattest du gewiß.
Und so rinnt denn unsre Totenklage
In die uferlose, in die Finsternis.

Regen

Der Regen rinnt schon tausend Jahr,
Die Häuser sind voll Wasserspinnen,
Seekrebse nisten mir im Haar
Und Austern auf des Domes Zinnen.

Der Pfaff hier wurde eine Qualle,
Seepferdchen meine Nachbarin.
Der blonde Seestern streckt mir alle
Fünfhundert Fühler zärtlich hin.

Es ist so dunkel, kalt und feucht.
Das Wasser hat uns schon begraben.
Gib deinen warmen Mund – mich deucht,
Nichts bleibt uns als uns lieb zu haben.

Ode an Zeesen

Aus Jupiters Hand geschleudert
Donnerkeil
Im Juligewitter
Mein steinernes Herz
Du glühst nicht mehr –

Aus den Sternen gestürzt
Aus den Wolken geschüttet
Bruch
Wolkenbruch
Blitz
Donner
Aufschlagend am Feldgestein
Regenbogen
Verwirrt im Dorngesträuch
Du siebenfarbener Schleier
Zerfetzt
Ihr kleinen Heckenrosen
Ihr willigen Trösterinnen
Ihr haltet das flatternde Band der Tristitia.

Verwundet
Verwundert
Erblickt
Zwischen zwei ragenden Föhren
Das graue Auge
Den goldenen Tag
Blauer See
Blauer lauer See
Mückensingsong

Linde Ufer
Und der Winde Rufer
Springen durch das Korn
Unter ihren kühlen Sohlen
Beugen die heißen Halme sich zärtlich
Richten sich zärtlich auf
Und winken
Dem so herrlich taumelnden Mittagswinde nach.

Drüben vom Jenseits
Drüben vom Jenseits des Sees
Ruft der Kuckuck
Allen Lebenden ruft der Kuckuck
Tausend lebendige Jahre zu.

Hinein mit einem Hechtsprung
Zu den Hechten und Barschen
Hinaus aus den Binsen
In die schaumige Weite
Aufscheuchend die Frösche
Welche geblähter Kehle
Die Liebe locken die Liebste locken
Voll geiler Gier
Fische selbst und faulendes Holz bespringen
Denn es rast die Liebe in den Geschöpfen
Kitty die Hündin ist läufig
Und Bodo der Hund
Jault die Tage und Nächte nach ihr
Nimmt das Fressen nicht und magert bis auf
die Rippen
Auf dem Dachfirst schnäbeln die Tauben
Im Wasser
Tanzt der Gründlinge silberner Reigen
Im Schilf
Jagen und jachtern blauschillernde Libellen

Und auf den Wogen des Sees
Sieh die Taucher schlank weißlichen Halses mit
gelbem Kropf
Immer zu zweit
Segeln die Liebenden
Und auf dem Rücken trägt sorglich die Mutter
Die flaumige Zukunft das krächzende Kind.

Auch wir
Mädchen
Geliebte
Frau
Mensch
Immer zu zweit zu zweit seit zweien Jahren
Schwimmen wir auf den Wassern des Lebens
Auf den Zeesener Gewässern
Dahme Middelwede und großer Peetz.

Aus dem Luch
Erhebt sich ein Wind der wie Fuchs auf der Lauer lag
Zwischen Heidelbeerkraut und Moosen
Er springt dem See in den silbernen Nacken
Daß die Gischt aufspritzt wie weißes Blut
Es wogen die Wellen
Es wogen die Binsen
Es wogen die Felder
Es wogen die Wipfel der Bäume
Wir selber treiben auf den Wellen
Wie Wasser Gras und Buchenkrone
Auf und nieder
Auf und nieder
Auf und nieder.

Zurück an den Strand
Jetzt Sonne recke den feurigen Schild
Über unsre dampfenden Leiber
Zu heiß du flammender Ritter trifft uns dein
roter Speer
Ihr schattenden Bäume
Vom Borkenkäfer durchwandert
Vom Specht beklopft
Ihr schattet mein müdes
Im Zittergras versinkendes Haupt
Ihr fächelt mit euren grünen Armen
Mit euren blättrigen Händen
Mir Trost und Vergessen zu
Sei bedankt
Geliebtes Geschwister
Akazie
Wie gerne starb ich den Schlaf
In deinen kühlen Armen
Wie gerne will ich den Tod
Einst in deinen Armen verschlafen
Will ich in deinem feuchten Schatten
Ach noch viele Ewigkeiten verschlafen
Wenn die grelle Mittagssommersonne
Die gemähte Stoppelwiese dörrt
Und zu meinen Füßen
Dämmert verdämmert Bodo der Hund.

He Bodo
Hierher Bodo
Wolfssohn
Willst du wohl die Gänse nicht scheuchen
Die heiligen Träger des Daunenschlafes
Die gütigen Behälter des Gänsefettes
Wackelnd mit den feisten dermaleinst gebratenen
Gänsekeulen.

Ganz von fern wie ferner Krieg
Rollen
Auf der Königswusterhausener Bahn die Güterzüge.

Und ich sitze nackt auf der Veranda
Wie des Sommers Gott
Sitz ich nackt und faul auf der Veranda
Violett umblühen mich Bethulien
Mich umtanzen
Dicke Fliegen Filigran von Mücken
Pfauenauge und Zitronenfalter
Und ich hock und freß wie ein Kaninchen
Frischen mildesten Salat
Kohlrabi
Auch gezuckerte Johannisbeeren
Und danach ein Glas
Erdbeerbowle
Wie ein Mensch
Wie ein Gott
Und ich sitz und schwitz und freß und sauf
Und ich denk und träume
Nichts
Träum und denk das Nichts vom Nichts des Nichtses
Bin am Ende meiner Kräfte
Und am Anfang aller Seligkeit.

Hochbeladen mit dem gelben Korn
Schwankt der Wagen in die Scheune.
Und das brave Pferd umspringen bellend
Sieben schwarz und weiße Wolleknäuel
Sieben Terrier Basko Ratty Step
Tipsy Kitty Bill und Fap
Aus dem offenen Stall fegt eine Schwalbe
Drin im Stalle säugt die Kuh das Kälbchen.

Zwischen Bäumen
Wachsen schlanke steile dünne Eisensäulen
In den Horizont
Die Funktürme von Königswusterhausen
Hier Königswusterhausen auf Welle 1300
Achtung Achtung Achtung
Der Dichter Klabund spricht eigene Verse.

Er spricht mit abgehackter blecherner Stimme
Dieweil er im Grase liegt –
Das rechte Ohr an die Erde gepreßt
Horcht er auf den Herzschlag der Erde
Und auf den Wanderschritt des Maulwurfs
Er wirft die Worte in die Luft
Wie nicht entzündete Raketen
Sie brennen nicht
Sie leuchten nicht
Sie fallen zischend ins feuchte Gras
Achtung Achtung Achtung
Hochachtung Hochachtung Hochachtung
Ganz besondre Hochachtung
Ihm lauscht kein Mensch kein Wesen kein Tier
Die Luft spielt mit den Worten wie mit Brennessel-
samen
Sie weht sie da und dorthin
Einige Participia bleiben in einer Konifere hängen
Ein strahlendes Adjektiv treibt Bauch nach oben
wie ein toter Fisch im See.

Aber ein liebliches Präpositum
Fiel in einen Baumritz
Einer Dryade in die Augenbrauen
Und kitzelte sie aus dem Schlaf
Zierlich trat sie aus dem dunklen Baumstamm
ins grelle Licht
Und stand geblendet –

Sanderschnitt des Maulwurfs
Hochachtung
Achtung
Achtung
Charles
Terrier
Verse
Zeesen
Butterblumen

Da begannen die Grillen zu zirpen
Die Heuschrecken musikalisch ihre Hinterbeine
zu reiben
Und der Jazz des Sommers rauschte auf
Meckernd fielen die Ziegen ein
Die Kuh blökte die Hunde bellten die Gänse
schnatterten
In der Ferne Gewittergrollen
Die dumpfe Pauke des Donners
Gott sitzt am Schlagzeug
Yes Sir that's my baby
Da stampfte die entfesselte Dryade den Charleston
Die braunen rötlich überkupferten Haare fielen
ihr mähnig über die Stirn
Wie einem Pony.

Tanz stampf tritt den Boden
Tritt die Erde daß sie dir untertan sei
Die Erde dem Weibe
Wie seit Urbeginn
So heute
Zertritt die Butterblumen im Tanz
Was tut's
Zermalme die kleinen roten Käfer im tollsten Takt
Töte die dir aufspielen zum Tanz mit deinen
tanzenden Sohlen
Töte Grille und Heupferd
Tanze tanze
Töte töte
Schon springst du mir in den Nacken
Puma
Und tanzest auf meinen Knabenschultern
Yes Sir yes Sir
Den Jazz des Sommers.

Genug genug wilde Nymphe
Zieh dir den schwarzrotgestreiften Bademantel an
Und komm auf den Tennisplatz
Henry der Trainer wartet schon auf die gnädige Frau
Du schlägst die Bälle
Zwei Dutzend Bälle
Zwei Dutzend Menschenköpfe
Haarscharf übers Netz
Keinen Liebesblick
Keinen Ball
Läßt du aus.

Abends nach dem Essen
Yes Sir yes Sir
Steppst du im blauen Pyjama
Blauer Pyjama blauer Himmel blauer See –
Wie ein japanischer Ringer
Mit dem dicken gebräunten Sharakugesicht
Boxt der gewaltige Herr des Gutes
Rittergutes
Raubrittergutes
Zeesen
(Nach der Volkszählung von 1905 besaß der
352 Hektar umfassende Gutsbezirk Zeesen
25 Einwohner)
Boxt die erhabene märkische Majestät
Den Raum
Boxt mit Träumen mathematischen Reihen Börsen
kursen und wilden Ziffern
Oberbedarf
Unterbedarf
Mannesmann
Weibesweib
Die Firmen Frisch Frank Fröhlich Frei haben
Geschäftsaufsicht angemeldet

Yes Sir that's my baby
Noch ein Glas Bowle
Elektrisches Licht überm Garten
Sommernachtstraum
Ein Gang noch mit den englischen Terriern
Kitty Bill Tipsy Bosko Fatty Step Fap
Licht aus
Happy-end
Week-end.

Nachts
Schlafe ich schlecht
Durch geöffnete Fenster
Wandert die ganze Unterwelt
Weiße Spinner kommen geflattert mit riesigen
roten Augen
Spanische Fliegen mit fetten grünen Bäuchen
Braune Motten und kleine Perlmutterfalter
Summende Mücken sirrende Gnitzen
Ihnen nach die Königin des Dunkels
Ihre Herrin und Vertilgerin
Die gefräßige
Fledermaus
Und am Boden raschelt's: schwarze Schwaben
Aus der Mauer kriechen Tausendfüßler
Alles lärmt und knackt und surrt und raschelt
Plötzlich trappt und trippelt's auf den Bohlen
Wie ein Pony trappelt und ein weißes
Tier steht wie gebäumt im Rabenschwarzen
Wie ein Schimmel auf den Hinterbeinen
Hebt die Vorderhufe drohend
Schnaubt gar grimmig durch die Nüstern
Schreien will ich mir verschlägt's die Sprache

Da – ein Sprung – das Tier hockt auf dem Bettrand
Und umschlingt mich mit den weißen Armen
Drückt die heißen Lippen auf die meinen
Yes Sir that's my baby.
Mein steinernes Herz – – –
Du glühst noch –

Mond überm Schwarzwald

Goldne Sichel des Monds! Dich schwingt der
Ewige Schnitter und mäht
Halme und Herzen.

Siehe, ich wandre auf steinichter Höhe
Über dem wolkigen Wald und neige
Willig den Nacken
Deinem erlösenden Streich.

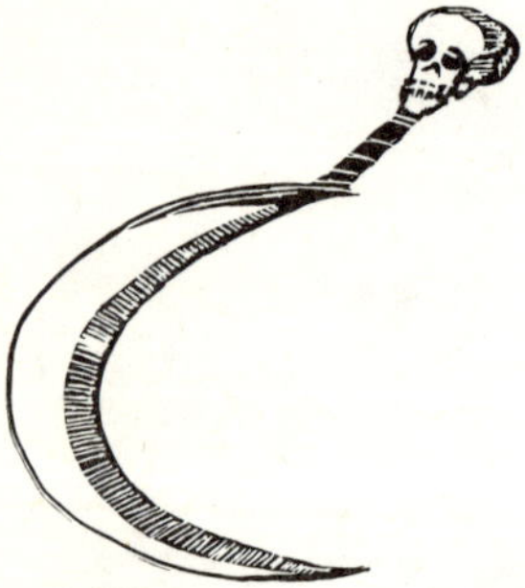

Es ist genug

Es ist genug. Mein trübes Licht
Bereit' sich zu erlöschen.
Ich hab' vertan mein Recht und Pflicht
Und meiner Seel' vergessen.

Es ist genug. Es weht ein Wind,
Weht nicht von Ost nach Norden.
Auf der Milchstraße wandert ein weißes Kind,
Ist nicht geboren worden.

Du über den Häusern heller Schein,
Wovon bist du so helle?
Stehst du um die Stirn einer Jungfrau rein
Oder brennt ein Sünder zur Hölle?

Die Glocke

Die Glocke dröhnt und stöhnt die Stunden in die Welt.
O, wer sie dieses Zwangs entbände!
Sie ist bis an ihr Ende
Bestellt,
Daß klingend sie ihr Herz ins Nichts verschwende.

Ahasver

Ewig bist du Meer und rinnst ins Meer,
Quelle, Wolke, Regen – Ahasver...
Tor, wer um vertane Stunden träumt,
Weiser, wer die Jahre weit versäumt.
Trage so die ewige Last der Erde
Und den Dornenkranz mit Frohgebärde.
Schlägst du deine Welt und dich zusammen,
Aus den Trümmern brechen neue Flammen...
Tod ist nur ein Wort, damit man sich vergißt...
Weh, Sterblicher, daß du unsterblich bist!

Nachwort

Manche Mystifizierung hat Klabund mit seinem Pseudonym getrieben, seinen Dichternamen verschiedenartig erklärt: als Wandlung einmal, als Kombination aus Klabautermann und Vagabund ein anderes Mal. Doch jeder Bibliothekar weiß – und merkt es genüßlich im alphabetischen Katalog an –, der Mann hieß eigentlich Henschke, Alfred und kam aus Crossen an der Oder.
Er gelangte zu schnellem und anfangs skandalumwittertem Ruhm. Doch wie es mit dem Ruhm so geht... Als Klabunds literarischer Stern in den zwanziger Jahren hell erstrahlte, hätte wohl niemand vermutet, daß fünfzig Jahre nach seinem frühen Tod wenig mehr an ihn erinnern würde.
Bis auf den Eulenspiegel-Roman »Bracke« sind seine Romane vergessen, die zahlreichen Nachdichtungen, vor allem aus fernöstlichen Literaturen, nur in vergilbten Bibliotheksexemplaren zugänglich. Seine Stücke, auch der gefeierte »Kreidekreis«, sind allein noch Theatererinnerung. Klabunds eigentliche Leistung, sein lyrisches Werk, ist heute nur zu einem kleinen Teil präsent.
Um diesen Dichter – einst bekannt wie der sprichwörtliche bunte Hund in der Literatur – ist es zu Unrecht still geworden. Die Nazis, die neben dem Besten deutscher Dichtung auch einen Teil seines Werkes auf ihren menschen- und literaturfeindlichen Index setzten, die es ihm bis ins Grab hinein verargten, daß er ihre Anfänge verhöhnte und die Novemberrevolution begrüßte, sie hätten es fast geschafft, sein Andenken totzutreten. Von wenigen Ausnahmen abgesehen, kam es erst in den fünfziger und sechziger Jahren schüchtern zu Neuauf-

lagen von Klabund-Büchern, und nur wenige ernsthafte Versuche gab es, mit dem Dichter und seinem Schicksal bekannt zu machen.

Klabunds Leben währte nicht einmal vierzig Jahre. 1890 wurde er in der preußischen Kleinstadt Crossen geboren. Pfahlbürgerliche Enge und Borniertheit haben als alptraumartige Erinnerung noch lange in dem jungen Dichter nachgewirkt. Die schon mit sechzehn Jahren bei ihm diagnostizierte Krankheit, damals noch landläufig Schwindsucht genannt, prägte wesentlich seinen Lebensrhythmus. Auch nach Beginn des Studiums in München, später in Berlin, mußte er, in oftmals abruptem Wechsel, die Großstadt mit Bergsanatorien der Schweiz vertauschen. Bei einem dieser Sanatoriumsaufenthalte lernte er 1916 Brunhilde Heberle kennen. Nach kurzem Eheglück starb sie bei der Geburt des ersten Kindes. In verzweifelter Trauer steigerte sich Klabund exzessiv in die Rolle des Schuldigen und feierte die Geliebte als *Irene* in zahlreichen hymnischen und rauschhaften Gedichten.

Der erste Weltkrieg, den der Dichter wegen seines schwachen Gesundheitszustandes als Beobachter erlebte, brachte für ihn in mannigfacher Beziehung Entscheidungen. Wie viele deutsche Schriftsteller hatte auch Klabund zu Beginn des Krieges in die chauvinistischen Gesänge eingestimmt. Doch angesichts des immer deutlicher werdenden Menschenschlachthauses rief er zur Umkehr auf: »Schwört ab dem Taumel 1914!« – Wer das verwirrende Spiel des von beredter Kriegsbegeisterung zu Positionen des Pazifismus und der Menschheitsverbrüderung übergehenden Dichters beobachtet hatte, vermochte wohl nicht gleich zu erkennen, wie ernst es Klabund mit seinem Gesinnungswechsel war. Erst seine Gedichte aus der Schweiz und sein in der Neuen Zürcher Zeitung im Frühsommer 1917 publizierter »Offener Brief an Kaiser Wilhelm II.« belegten es nachdrücklich.

An die Einsicht des Hohenzollern appellierte er, den Krieg zu beenden und das »wahre Volkskönigtum« zu errichten. Klabunds Illusionen von einer »Fürstenerziehung« verflogen allerdings bald, und enttäuscht wandte sich der streitbare Moralist einer Innerlichkeit zu, wie sie die Lehren Buddhas und Laotses und der Taoismus anboten. Seine Resignation angesichts der Unerfüllbarkeit einer vom Expressionismus verkündeten Ära »neuen Menschentums« ließ ihn jedoch nicht von seiner Kriegsgegnerschaft abrücken, wie er sie in der Schweiz, im Bunde mit Leonhard Frank, Ludwig Rubiner und René Schickele in dessen Zeitschrift *Die weißen Blätter* bekundet hatte.

Die Ereignisse des Jahres 1917 faszinierten Klabund auf besondere Weise. Folgerichtig leitete er die Revolution im Osten aus den Zuständen des alten ausgepowerten und geknechteten Rußlands ab. Seine Analyse der revolutionären Ereignisse allerdings blieb in emotioneller Aufwallung stecken, in religiöser Vision von einer erlösten Menschheit. Dabei gelangen dennoch große ekstatische Bilder: »Wenn du Lenin sprichst, blühen die Zahlen wie Blumen, er hat eine Stierstirn, er rennt Wände ein, solche aus Papiermaché, solche aus Zeitungsballen, die dicksten Lügen der Welt, solche aus Steinquadern. Seine Stirn ist ein Hammer. Die Splitter stieben ...«

Die große soziale Revolution wurde von Klabund gleichsam als mythisches Ereignis aufgefaßt. Genauer war er in der Darstellung der Gegenseite, der Reaktion, die er im eigenen Lande vorfand, die noch während des Krieges ihre Häscher nach dem mißliebigen kritischen Dichter ausgeschickt hatte. In den Apriltagen des Jahres 1919 fiel er schließlich in ihre Hände. Als Mitverschworener der Münchner Revolutionäre verdächtigt, wurde der schwerkranke Klabund verhaftet und unter schlimmen Umständen gefangengehalten.

»Das Lied der Zeitfreiwilligen« und andere Gedichte

waren der literarische Reflex auf die Klassenkämpfe jener Zeit. Mit solchen Streitgedichten, die in wichtigen sozialistischen und liberalen Zeitschriften erschienen, griff der Dichter auf seine Weise in die Politik ein. Auch in der kleinen Prosa, in Skizzen, Geschichten und Erzählungen, die oft satirisch oder grotesk tendierten, wurde seit 1916/17 die Auseinandersetzung mit dem Krieg aufgenommen, die Attacke gegen Haupteinpeitscher des Militarismus wie Wilhelm II., Hindenburg und Ludendorff, gegen Rüstungshaie, Schieber, gegen ideologische und journalistische Gehilfen der chauvinistischen Partei.

Manche Anregung und manche Spur hinterließ Klabund im literarischen Leben seiner Zeit, auch im Kabarett und in der Kabarettdichtung. Während eines seiner Kuraufenthalte in der Schweiz trat er 1917 im Züricher »Cabaret Voltaire« auf, der ersten Dada-Szene, dem Treffpunkt einer kriegsgegnerischen literarischen Elite. Schon in seinen frühen Münchner Jahren hatte er, angeregt durch das Vorbild Frank Wedekind, in Kathi Kobus' Künstlerkneipe *Simplicissimus* vorgetragen. Doch erst in Berlin, nach der Neugründung von *Schall und Rauch*, dem wohl berühmtesten Kabarett der Nachkriegszeit, später im *Größenwahn* und im Kabarett *Wilde Bühne* kam er als Autor und Vortragender mit eigener Dichtung zu Wort. Die berühmtesten Diseusen der Zeit sangen seine Chansons. Das bekannte »Ich baumle mit de Beene« zum Beispiel prägte, wie Friedrich Hollaender sogleich erkannte, den Stil der Blandine Ebinger.

Auch im Theaterleben, besonders in Berlin, war Klabund erfolgreich. Vor allem mit dem nach chinesischer Vorlage geschriebenen Spiel »Der Kreidekreis« (1925) erzielte er einen bemerkenswerten Bühnenerfolg. Die ihm in zweiter Ehe verbundene Schauspielerin Carola Neher hatte darin die Hauptrolle der Tschang-Haitang übernommen. Auch in seinen letzten Lebensjahren war

Klabund unermüdlich schöpferisch tätig. Neben dem »Kirschblütenfest« (1927), einem Spiel nach dem Japanischen, und der Komödie »XYZ« (1928) schrieb er mehrere Romane, veröffentlichte Nachdichtungen und Bearbeitungen. In den Jahren 1922 und 1926, 1927 und 1928 wurden neue Gedichtbände von ihm vorgelegt. Den scheinbar ungebrochen produzierenden Dichter holte die heimtückische Krankheit dennoch unausweichlich ein. In Davos erlag er 1928 seinen Leiden.

Der junge Mann, der im Jahre 1911 das Studium der Pharmazie in München aufgenommen hatte, der sich dort mit dem um acht Jahre jüngeren Brecht befreundete, kannte sich in den Kreisen Münchner Künstler und Bohemiens ebensogut aus wie später im Kultur- und Amüsierbetrieb, in den Künstlerkneipen und literarischen Kabaretts von Berlin. Dieser Alfred Henschke, der gegen den erklärten Willen und hartnäckigen Widerstand des Vaters und Kleinstadtapothekers 1913 sein Entree in die deutsche Literatur gab, scheute anfangs keinen literarischen Salto, keinen grellen Scherz und keine publizistische Selbstentlarvung, um nur Effekt zu machen.
Der erste Literaturskandal entstand anläßlich Klabunds Lyrikdebüt in Alfred Kerrs Zeitschrift *Pan.* »Es hat ein Gott mich ausgekotzt, / Nun lieg ich da, ein Haufen Dreck, / Und komm und komme nicht vom Fleck …« war da zu lesen gewesen. Durch mehrere Etagen der Berliner Justiz entwickelte sich ein Prozeß, und trotz lobender Gutachten von Dehmel, Mühsam, Wedekind und anderen Autoren wurde der Verfasser der als »grob und unzüchtig« inkriminierten Gedichte verurteilt.
Die Gedichte jener frühen Jahre, vor allem die erste Sammlung »Morgenrot! Klabund! Die Tage dämmern!« von 1913, kündigten in origineller Fortführung der Chanson-Tradition vom Montmartre, in der Darstel-

lung von Gauner- und Dirnenthemen einen unverwechselbaren Dichter an. Stritt sich sein Ton auch noch mit Nachklängen von Oscar Wilde, Stefan George und Rainer Maria Rilke, so war doch vieles in jenem ersten Gedichtband bereits »echter« Klabund. Ein nonchalant-melancholischer Zug ging durch die frühen Verse. Neben Anfängermanierismen fanden sich vollkommene Gedichte wie »Man soll in keiner Stadt«, »Ironische Landschaften« und »Ballade« (für Frank Wedekind). Neben dem wieder und wieder variierten Kleinstadtthema und souverän gebrochenen Naturbildern kam die Sehnsucht nach der großen Stadt ins Bild.

Zwischen 1913 und 1928 lagen Jahr um Jahr neue Bücher von Klabund in den Schaufenstern der Buchhandlungen, darunter zahlreiche Gedichtbände. Wie seine Romane »Moreau«, »Mohammed«, »Pjotr« und »Borgia«, deren überhitzter Stil heute kaum noch berührt, wie die Novellen, in denen Großstadt und Bergsanatorien nur die Folie für das erzählerische Ich des unheilbar kranken Dichters abgaben, so wirkt auch das, was Klabund lange Zeit als sein lyrisches Zentrum ansah, heute nicht mehr überzeugend. Seinen Grotesken, Legenden, seinen Novellen und Erzählungen von Liebe, Krieg und seltsamer Historie hingegen, in denen farbiges Abenteuer überzeugend nachgezeichnet wurde, ist ebenso Bestand gesichert wie den Chansons, Balladen und Gedichten der »Harfenjule«. Der schwärmerische Liebes- und Totenkult, das Zelebrieren von altchinesischer Weisheit tritt deutlich hinter die Lieder des lyrischen Vaganten Klabund zurück, der den Ahnen im Geiste, Villon, Johann Christian Günther, Bellman, Hille und Wedekind, immer wieder neue Preislieder sang.

In der Sammlung »Die Harfenjule«, 1927 im Berliner *Verlag Die Schmiede* erschienen, war noch einmal wie in einem Prisma das Wesentliche der vielseitigen dichterischen Existenz Klabund sichtbar geworden. Er, dem es stets »leicht«gefallen war, sich literarischen Zeitströmungen anzuschließen, erreichte in diesen »Zeit-, Streit- und Leidgedichten« seine konzentrierteste Aussage als Lyriker. Vom Gassenhauer bis zur großen, Zeitgefühl der zwanziger Jahre vehement reflektierenden »Ode an Zeesen« zog er alle Register. So dicht, so »greifbar« ist in diesem Band sein Ton, daß er uns noch heute zu berühren vermag.

Tucholsky schloß sein *Weltbühnen*-Lob für den »Harfenjulius Klabund« 1927 mit den Worten: »Das ist eines von den Heften, das ich einmal – in achtzig Jahren – vergilbt und halb zerbröckelt zur Nachkontrolle lesen möchte. Mindestens zwanzig Lieder werden dann noch frisch sein. Und das ist sehr viel.« – »Die Harfenjule«, in der Originalform nie wieder aufgelegt, ist ein noch heute bemerkenswertes Buch, und es sind mehr als zwanzig Gedichte und Lieder, die von den ehedem einhundertundfünf präsentierten lebendig geblieben sind. Vor allem sind das großartige Gedichte, waschechte Chansons, Bänkellieder von »schweren Jungs«, Seebären, unglücklichen Jungfrauen, Luden, Huren, von mancherlei Vaganten und Abenteurern. Das sind Liebeslieder, wie sie im Buche stehen sollten, und das ist echtes Berlin *mittenmang*. Diese Moritaten und Balladen, die Gedichte und Chansons sind über den Tag hinaus blank geblieben, und sie sind sicher im Ton. Frech sind sie und wehmütig, und sie lassen große Tradition sehen, ohne sie prahlerisch vorzuweisen.

Ihr Verfasser ist der Literaturgeschichtsschreibung der Vergangenheit immer ein wenig unheimlich gewesen. Wo denn sollte man ihn »einordnen«? Die vollbärtigen Herren und die flachbrüstigen Damen aus der Kathederwelt standen gestern und stehen zum Teil noch heute ratlos. Das seltsame Wesen Klabund gibt ihnen unlösbare Rätsel auf. Sehr früh nahmen sie ihm die »Masken« übel und die von ihm erdichteten Gestalten, bei denen es der Autor mit der Schulbuch-Historie nicht immer ganz genau genommen hatte. Sie denunzierten das Spielerische und das Pietätlose des Umgangs mit »Vorbildern« und Textvorlagen. Sie verurteilten die »Unbedenklichkeit«, mit der er sich der verschiedensten Stile und Sprechweisen bemächtigt hatte, um sie seinem Gedicht zu fügen. Sie verstanden wohl nicht recht – oder wollten nicht verstehen –, daß hinter der Hektik, mit der einer der gefühlsreichsten und formsichersten deutschen Dichter des Jahrhunderts von Tonart zu Tonart, von Thema zu Thema wechselte, sich eine »rohe, handgreifliche Auseinandersetzung mit dem Tode« verbarg. Carl von Ossietzky sagte in seinem Nachruf: »Die Herren Poeten pflegen sonst immer sehr allgemein ›am Leben‹ zu leiden. Die Herren Lyriker namentlich pflegen von früher Jugend an mit dem Tod auf gutem Versfuß zu stehen, seinen Namen unnütz zu führen, um doch bald solide zu heiraten und kleine Kinder und dicke Romane zu zeugen. Im Fall Klabund war das Leiden grausam deutlich lokalisiert...«

Von der Krankheit bedrängt, zeigte Klabund sicherlich eine starke Neigung, in möglichst vielen Zungen möglichst schnell und viel zu reden, alles ihm gemäß Erscheinende an sich zu ziehen. Das machte unter anderem seine große Begabung aus, sich in fremde Kulturen einzufühlen und als Nachdichter zu wirken. Das gab aber auch dem Bild von einem wahllos nach allem Greifenden Vorschub. Franz Blei hat in seinem berühmten »Bestiarium der Literatur« dieses Wesen des Dichters karikiert: »Der Klabund ist ein überaus buntfarbiger Kugelkäfer, dem seine natürliche Buntheit noch nicht genügt. Wo immer er was Farbiges findet, rollt er sich darin herum, so lange, bis er auf seinen kleinen Stacheln einiges davon aufgespießt hat, was ihn noch bunter erscheinen läßt, als er ist. Solches macht dem Klabunde Spaß.«

Die Vorwürfe anderer Zeitgenossen waren zumeist weniger milde. Und noch heute kann es geschehen, daß seine Würdigung als »fromm-naiver Erzähler von Heiligenlegenden und östlichen Gleichnissen« mit der Feststellung gekoppelt wird, dieser Klabund habe doch auch einen recht »schnodderigen Zivilisationsliteraten« dargestellt.

Gottfried Benn, der sich am Grabe des Dichters »als des Toten ältester Freund und märkischer Landsmann unter den schriftstellernden Kollegen ...« bezeichnen konnte, hat auf die besonderen Bedingungen dieses Dichterlebens hingewiesen: »Die zarte, nie zu einer völligen Reife erwachsene Gestalt unseres toten Freundes tritt vor unseren Blick. Der schmächtige Mann, und auf seinen Schultern trug er eine Last, die schwer zu tragen war. Ich meine nicht die Krankheit, ich meine die Berufung. Gegen eine Welt der Nützlichkeit und des Opportunismus, gegen eine Welt der gesicherten Existenzen, der Ämter und der Würden und der festen Stellungen, trug er nichts als seinen Glauben und sein Herz.«

Wahrscheinlich war Klabund am ehesten er selbst, wenn er in frechen und wehmutigen Chansons in den Berliner Ton nicht nur einstimmte, sondern ihn auch um Nuancen bereicherte. Dabei gedieh das literarisch Gebrochene, das satirische und parodistische Element seiner Brettl-Verse, Balladen, Streitgedichte und seiner ironischen Liebeslieder oft zu hinreißender Musikalität. So daß sie im einzelnen das Niveau der Chansons, Songs, Moritaten und Balladen von Brecht, Walter Mehring und Tucholsky erreichten und die »Gebrauchslyrik« der zwanziger Jahre mitbestimmen konnten.

Wir sind sicher, daß sich die Worte Ossietzkys auf den Dichter Klabund erfüllen werden: »Er hatte keine Zeit und wußte es. Vieles von dem eilig Hingedichteten wird verwehen, trotzdem mehr übrigbleiben als von den meisten bändereichen Lyrikern seit Heinrich Heine ...«

Zu dieser Ausgabe/Quellenverzeichnis

Bei unserer *wiederentdeckten* »Harfenjule« gingen wir von dem Vorsatz aus, soviel wie möglich, das heißt, soviel wie vertretbar, weil lesbar, vom Originalband zu bewahren, anderes, weniges, wegzulassen und einiges Wichtige, sich thematisch und von der Machart, vom Ton gut Fügende in die historische Sammlung einzubringen. Wir berufen uns dabei – relativ guten Gewissens – auf Klabund. In der Sammlung von 1927 bot er neben den Originalbeiträgen Wiederholungen ihm wichtiger Gedichte aus älteren Sammlungen. Vor allem Bänkellieder, Chansons, »Volkslieder« und politische Gedichte haben wir der *alten* »Harfenjule« hinzugefügt. Beistand leistete uns besonders die von Klaus Schuhmann 1967 vorgelegte Überschau von Lyrik, kleiner Prosa, von Tagebüchern und Briefen, die unter dem Titel »Kunterbuntergang des Abendlandes« erschien und die Wiederentdeckung Klabunds wesentlich förderte.

Der vorliegende Band fußt auf den Erstausgaben der nachstehend genannten Gedichtbände und auf der Ausgabe »Gesammelte Werke«, Wien, Phaidon-Verlag, 1930.

Morgenrot! Klabund! Die Tage dämmern! Berlin, Erich Reiss Verlag, 1913

Die Himmelsleiter. Neue Gedichte von Klabund: Berlin, Erich Reiss Verlag, 1916

Der Leierkastenmann. Volkslieder der Gegenwart. Berlin, Erich Reiss Verlag, 1917

Irene oder Die Gesinnung. Ein Gesang von Klabund. Berlin, Erich Reiss Verlag, 1918

Dreiklang. Ein Gedichtwerk von Klabund. Berlin, Erich Reiss Verlag, 1918
Der himmlische Vagant. Ein lyrisches Porträt des François Villon von Klabund. München, Roland Verlag, 1919
Die Sonette auf Irene. Berlin, Erich Reiss Verlag, 1920
Das heiße Herz. Balladen, Mythen, Gedichte von Klabund. Berlin, Erich Reiss Verlag, 1922
Lesebuch. Vers und Prosa. Berlin-Zehlendorf, Fritz Heyder Verlag, 1925
Gedichte. Berlin, J. M. Spaeth Verlag, 1926
Die Harfenjule. Neue Zeit-, Streit- und Leidgedichte von Klabund. Berlin, Verlag Die Schmiede, 1927
Chansons. Streit- und Leidgedichte. Wien, Phaidon-Verlag, 1930
Gesammelte Werke in Einzelausgaben. Wien, Phaidon-Verlag, 1930. Band 5, Gedichte. Band 6, Nachdichtungen

Inhaltsverzeichnis

ISBN 3-359-00088-9

3. Auflage

Lizenz-Nr.: 540/110/89 · LSV 7105
Umschlag- und Einbandgestaltung: Renate Totzke-Israel
Printed in the German Democratic Republic
Lichtsatz: INTERDRUCK Graphischer Großbetrieb
Leipzig III/18/97
Druck und buchbinderische Verarbeitung:
Karl-Marx-Werk Pößneck V 15/30
620 636 2

00900